高等教育自学考试系列辅导丛书

丛书组编　四川英华教育文化传播有限公司
Sichuan Yinghua Education & Culture Communication Co.,Ltd
编写依据　《公共关系学》（廖为建主编　高等教育出版社 2011年版）

高等教育自学考试《公共关系学》辅导资料

公共关系学模拟试题集

（经济管理类专业）

主编　梁勤
副主编　张静

课程代码
00182

西南财经大学出版社
Southwestern University of Finance & Economics Press
中国·成都

图书在版编目(CIP)数据

公共关系学模拟试题集/梁勤主编 .—成都:西南财经大学出版社,2019.8

ISBN 978-7-5504-4083-8

Ⅰ.①公… Ⅱ.①梁… Ⅲ.①公共关系学—高等教育—自学考试—习题集 Ⅳ.①C912.31-44

中国版本图书馆 CIP 数据核字(2019)第 171791 号

公共关系学模拟试题集

GONGGONG GUANXIXUE MONI SHITIJI

主　编:梁勤

副主编:张静

责任编辑:冯雪

封面设计:张姗姗

责任印制:朱曼丽

出版发行	西南财经大学出版社(四川省成都市光华村街 55 号)
网　　址	http://www.bookcj.com
电子邮件	bookcj@foxmail.com
邮政编码	610074
电　　话	028-87353785
照　　排	四川胜翔数码印务设计有限公司
印　　刷	郫县犀浦印刷厂
成品尺寸	183mm×254mm
印　　张	11.75
字　　数	206 千字
版　　次	2019 年 8 月第 1 版
印　　次	2019 年 8 月第 1 次印刷
印　　数	1— 3500 册
书　　号	ISBN 978-7-5504-4083-8
定　　价	35.80 元

高等教育自学考试系列辅导丛书

编 委 会

丛书前言

依靠自己的力量，在有限的时间里学习一门新学科，从不懂到懂，从不会到会，从不理解到理解，从容易遗忘到记忆深刻，从不会应用到熟练应用，从模仿到创新，把书本知识内化为自己的知识，是一个艰难的过程。在这个过程中，自学者不仅需要认真钻研考试大纲，刻苦学习教材和辅导书，还应该做适量的练习，把学和练有机地结合起来，否则，就不能达到预定的学习目标。“纸上得来终觉浅，绝知此事要躬行。”这是每一位自学者都应遵循的信条。

编写模拟试题，同样是不容易的事。它对编写者提出了相当高的要求：

• 有较深的学术造诣；

• 有较丰富的教学经验；

• 对高等教育自学考试有深刻的理解并有一定的辅导自学者的经历；

• 对考试大纲、教材、辅导书有深入的了解，对文中的重点、难点、相互联系等有准确的理解；

• 对自学者的学习需要和已有的知识基础有一定的了解。

只有把这些因素融合在一起，编写者才能编写出高质量的，有利于举一反三、事半功倍的练习。

基于学习目标的考虑，我们把模拟试题大致分为四个部分：

第一，单项练习，针对一个知识点而设计的练习题。其目的是帮助自学者理解和记忆基本概念和理论。

第二，创造性练习，提供一些案例、事实、材料，使考生应用所学的理论、观点、方法创造性地解决问题。这类问题可能没有统一的答案，只有一些参考性的思路。其目的很明确，就是培养自学者的创新意识和能力。

第三，综合自测练习，在整个学科范围内设计练习题，尽量参考考试大纲的题型，组成类似考卷的练习题。其目的是使自学者及时检测全部学习状况，帮助自学者做好迎接统一考试的知识及心理准备。

第四，历届试题练习，旨在帮助自学者能按正规考试要求进行学习效果的测试。

子曰：“学而时习之，不亦说乎。”本书可以让学生边学边练，有规律地进行复习，这不仅可以提高学习效率，也能给艰难的学习过程带来一些快乐。圣人能够体会到这一点，我们每一位自学者同样能体会到。如果通过这样的学习过程，实现学习目标，实现人生的理想，实现对自我的不断超越，那么我们说这种学习其乐无穷也毫不夸张。

高等教育自学考试系列辅导丛书的编写和出版工作是一项艰巨而复杂的“培根铸魂”式的文化系统工程，需要付出很多的时间与精力。先进思想引领伟大事业，面对国家发展、民族复兴的迫切需求，面对时代改革、未来发展带来的巨大挑战，面对知识获取和传授方式的革命性变化，我们应立足现状，不骄不馁。展望未来，任重道远。我们满怀信心，肩负教育事业赋予文化企业的使命，砥砺前行，造就堪当民族复兴大任的“腹有诗书气自华”的时代新人，责无旁贷。我们坚信只要怀有对文化教育事业的诚挚热爱，心系考生，情牵教育，牢记使命，胜利与成功一定属于付出努力的人。

四川英华教育文化传播有限公司自考命题研究组

2019 年 7 月于成都

编写说明

《公共关系学模拟试题集》系全国高等教育自学考试经济管理类各专业必修的课程公共关系学的配套参考用书，是为培养自学考生学习和掌握公共关系的基本概念、基本内容和基本技能而设置的一门专业基础课。公共关系学是一门研究组织与公众之间传播、沟通的概念、规律、行为和方法的学科，也是当代传播学与管理学研究最活跃的领域之一；同时，它还是一门集理论与实践为一体的学科，是由管理学、传播学、政治学、行政管理学、市场营销学、消费者行为学、新闻学、广告学、语言学等多学科相互交叉、融合而产生的一门综合性、应用性的新兴学科。公共关系学对于企业、政府、政党、社团等各种社会组织的发展具有重要的实践意义。

该课程自开考以来尚未出版一本供考生练习使用的复习资料，因此，许多考生在复习迎考时觉得时常无从下手。为了满足广大考生复习备考之要求，我们依据长期从事高等教育自学考试教学和管理的经验，精心编写了本书，以求更好地帮助教师教学，考生备考。

在编写时，我们依据全国高等教育自学考试指导委员会发布的《公共关系学自学考试大纲》和高等教育出版社出版的《公共关系学》（2011 版）（主编 廖为建）以及历年考试试卷，并结合快速发展的管理科学与公共关系理论，不断出台的新的法律、法规，不断涌现的科技成果，以模拟试题形式组织编写了本书。编写时，我们力求做到重点突出，内容全面，有针对性，又有较强的实际效果。题型包括单项选择题、多项选择题、简答题、论述题和案例分析题等常规考试题型，并配有较为完整的参考答案，以供考生练习使用。

模拟试题毕竟不是试题，有其局限性，笔者希望考生在认真研读教材、大纲的基础上去练习，不可本末倒置，置教材、大纲于不顾，而一味地做题、猜题、押题，相信考生能理解我们编写此书的良苦用心。“书山有路勤为径，学海无涯苦作舟。”辅导书固然好，但也只是一个助手，在通往成功的路上，更多的是需要自学者的勤奋和努力。

“梅花香自苦寒来”，考生在学习公共关系学课程的过程中，只有掌握恰当的学习方法，熟读所学内容，多做练习，才能学好这门课程，取得优异的成绩，实现梦想。

知识随时在更新，我们会根据新形势、新情况，应广大考生要求，编写出更多、更新、更适合自考、更符合自考规律的辅导书。同时向所有参与编写的老师的辛勤付出与无私奉献

在编写本书时，我们吸收了国内同行的许多经验和优秀教学成果，并得到西南科技大学、四川旅游学院、四川大学、四川农业大学、成都信息工程大学以及四川科技职业学院、成都航空职业技术学院、四川交通职业技术学院、西南财经大学出版社等单位的大力支持，在此一并表示感谢。同时向所有参与编写的老师的辛勤付出与无私奉献表示感谢。

由于编写时间仓促和经验不足，书中错误与遗漏在所难免，希望考生和助学教师在使用过程中提出批评和意见，我们将会在再版时，进行更新与弥补。

四川英华教育文化传播有限公司自考命题研究组

2019 年 7 月于成都

目录

第一编　综合模拟试卷

第二编　近年自考试题汇编

第一编
综合模拟试卷

全国高等教育自学考试
公共关系学模拟试卷（一）

（课程代码　00182）

第Ⅰ部分　选择题（40分）

一、单项选择题（本大题共20小题，每小题1分，共20分。在每小题列出的四个备选项中只有一个是符合题目要求的，请将其代码填写在题后的括号内。错选、多选或未选均无分。）

1. 决策的第一步是（　　）。

A. 确立决策的目标　　B. 树立组织形象

C. 传播推广　　D. 利益最大化

2. 按公众发展的时间顺序可以将公众分为（　　）。

A. 公众-潜在公众-内部公众-外部公众

B. 非公众-潜在公众-知晓公众-行动公众

C. 非公众-公众-潜在公众-知晓公众

D. 公众-潜在公众-知晓公众-行动公众

3. 公共关系的目标是（　　）。

A. 为组织建立良好的公众形象　　B. 协调沟通

C. 影响舆论、控制组织的形象　　D. 控制舆论

4. 公共关系人员的培养目标除了要培养领导型的公共关系人才，还要培养（　　）。

A. 管理型人才　　B. 组织型人才

C. 专才式人才　　D. 多才式人才

5. 大脑对当前直接作用于感觉器官的客观事物的整体反映是（　　）。

A. 心理　　B. 知觉

C. 需要　　D. 态度

6. 现代公共关系学科化的开始时期是（　　）。

A. 艾维·李时期　　B. 爱德华·伯尼斯时期

C. 雷克斯·哈罗时期　　D. 巴纳姆时期

7. 态度是人们在认识和行为上相对固定的倾向，包括人对事物和社会认知的倾向、__________和意图的倾向。（　　）。

A. 信任的倾向　　B. 支持的倾向

C. 情感的倾向　　D. 热爱的倾向

8. 芝加哥成立“流言论所”的时间是（　　）。

A. 1970 年　　B. 1967 年

C. 1965 年　　D. 1960 年

9. 人类传播发展史上第二座重要的里程碑是（　　）。

A. 印刷术　　B. 电子媒介

C. 语言　　D. 文字

10. 公共关系传播的主要技术手段是（　　）。

A. 大众传媒　　B. 因特网

C. 报纸　　D. 广播

11. 依据各类或多数公众的要求、意图、观念或行为的同一性制定的是（　　）。

A. 近期目标　　B. 一般目标

C. 特殊目标　　D. 长期目标

12. 选择广告主题的最大标准是（　　）。

A. 独特个性　　B. 整体统一

C. 引人注目　　D. 浅显易懂

13. 广告策划中直接影响广告传播效果的重要问题是（　　）。

A. 市场调查　　B. 广告定位

C. 广告创意　　D. 广告媒介安排

14. 企业广告诉求的基点是（　　）。

A. 产品价格　　B. 产品定位

C. 消费者　　D. 潜在消费者

15. 新闻稿的灵魂是（　　）。

A. 问题　　B. 原因

C. 导语　　D. 事实

16 ________又名“公共关系专门事件”或“公共关系特别节目”。（　　）

A. 公共关系专题活动　　B. 公共关系策划

C. 新闻　　D. 庆典

17. 要想使开放参观获得成功，最重要的工作是（　　）。

A. 做好接待工作　　B. 做好解说工作

C. 明确参观路线　　D. 做好各种宣传工作

18. 塑造组织形象的利器是（　　）。

A. CF 战略　　B. CS 战略

C. CI 战略　　D. CA 战略

19. 传播学的代表人物是（　　）。

A. 中国人　　B. 美国人

C. 英国人　　D. 日本人

20. 公共关系危机最为明显的特征是（　　）。

A. 突发性　　B. 舆论关注性

C. 不确定性　　D.“连锁”破坏性

二、多项选择题（本大题共 10 小题，每小题 2 分，共 20 分。在每小题列出的五个备选项中至少有两个是符合题目要求的，请将其代码填写在题后的括号内。错选、多选、少选或未选均无分。）

21. 下列各项中，属于名流公众的有（　　　）。

A. 学术界权威人才　　B. 科学界权威人士

C. 影视界明星　　D. 工商界首脑人物

E. 金融界首脑人物

22. 美国当代最著名的公共关系学者詹姆斯·格鲁尼格教授的“卓越研究”衡量测定卓越公共关系和传播管理的程度及卓越传播的哪几个层次？（　　　）。

A. 文化核心层　　B. 理念核心层

C. 信息核心层　　D. 知识核心层

E. 传播核心层

23. 公共关系人员在工作中应遵守的道德规范有（　　）。

A. 保密　　B. 对社会负责

C. 公正　　D. 真实

E. 正派

24. 一般来讲，把关人的传播行为包括（　　）。

A. 控制行为　　B. 疏导行为

C. 中断行为　　D. 抑制行为

E. 中转行为

25. 文字传播媒介的主要优点有（　　）。

A. 传播距离延长　　B. 传播速度快

C. 传播范围大　　D. 信息可以保存

E. 信息传递的确切可靠性

26. 公共关系的活动方式有（　　）。

A. 交际型公共关系　　B. 宣传型公共关系

C. 社会活动型公共关系　　D. 服务型公共关系

E. 征询型公共关系

27. 开幕（开业）典礼的一般程序包括（　　）。

A. 主持人宣布典礼开始　　B. 介绍来宾

C. 剪彩、题词等　　D. 有关领导和来宾致辞

E. 安排其他助兴节目

28. 按展览规模的大小，展览会可分为（　　）。

A. 小型展览会　　B. 混合商品展览会

C. 袖珍展览会　　D. 中型展览会

E. 大型展览会

29. 任何系统都具有的特点包括（　　）。

A. 层次性　　B. 整体性

C. 有序性　　D. 关联性

E. 结构性

30. VIS 的基本构成有（　　）。

A. 标准字与标准色　　B. 标志

C. 组织造型　　D. 组织形象象征图案

E. 组织广告及宣传版面编排模式

第Ⅱ部分 非选择题（60分）

三、简答题（本大题共6小题，每小题5分，共30分。）

31. 简述公共关系公司的经营范围。

32. 简述公共关系传播推广功能的主要表现。

33. 建立和谐的社区关系，需要做好哪些工作？

34. 简述舆论主体的特点。

35. 在公共关系策划中，为何要首先考虑公众的利益？

36. 简述产品定位的含义及其策略。

四、论述题（本大题共2小题，每小题10分，共20分。）

37. 试述心理抗拒的因素。

38. 试述公共关系一般人员及其日常工作。

五、案例分析题（本题共20分）

39. 20世纪50年代，好莱坞影片《后窗》曾风靡香港，该片描写了一个脑部受伤的新闻记者，在家养伤时闲极无聊，便买来一架望远镜，每日坐在屋子里从对面楼层的后窗窥视住户的家庭隐私，从而卷入了一场谋杀案。影片上映后，香港人竞相观看，形成了“后窗热”。这时，香港一家生产百叶窗的企业成功抓住了这一事件。他们在报上连续刊登题目为“请留心你家的后窗”的销售广告，其生意一下子兴隆起来。

问题：（1）该案例涉及哪些公共关系理论？

（2）试运用公共关系学中的相关知识分析这一案例。

全国高等教育自学考试
公共关系学模拟试卷（一）
参考答案

（课程代码　00182）

一、单项选择题

1. A　2. B　3. A　4. C　5. B　6. B　7. C
8. B　9. D　10. A　11. B　12. C　13. D　14. B
15. C　16. A　17. D　18. C　19. B　20. A

二、多项选择题

21. ABCDE　22. ADE　23. ABCDE　24. BD　25. ACDE
26. ABCDE　27. ABCDE　28. ACDE　29. ABCDE　30. ABCDE

三、答题题

31. 答：公共关系公司的经营范围包括：

①咨询诊断。②联络沟通。③收集信息。④新闻代理。⑤广告代理。⑥推介产品。⑦会议服务。⑧策划活动。⑨礼宾服务。⑩印刷制作。⑪音像制作。⑫培训服务。

32. 答：（1）创造舆论，告知公众。

（2）强化舆论，扩大影响。

（3）引导舆论，控制形象。

33. 答：建立和谐的社区关系，需做好以下几方面工作：

（1）加强传播，沟通信息，增进了解。

（2）关心并支持社区建设。

（3）参加并资助各项社会公益活动。

34. 答：舆论主体主要具有以下特点：

（1）有共同话题。

（2）参与议论过程。

（3）自发性与松散性。

（4）有一定的层序性。

35. 答：在公共关系策划中首先要考虑的应当是公众的利益。这是因为：

（1）利益可以刺激公众、激发公众，使公众萌发欲望冲动，形成利益关心和利益认识，继而产生对一定利益目标的持续。

（2）利益是刺激公众产生思想动机的动力。人们为了追求利益而产生竞争。这种利益竞争是社会发展的动力，自然也为策划的产生和发展提供了条件。

36. 答：产品定位，就是在潜在消费者的心目中为你的产品设置一个特定的位置，这个位置只为你的产品所独占而其他同类产品则不可能拥有。产品定位的策略大致分为以下三种类型：

（1）市场领导者的定位策略。

（2）市场跟进者的定位策略。

（3）市场挑战者为其竞争对手重新定位的策略。

四、论述题

37. 答：心理抗拒的强弱是由以下四个因素决定的：

（1）对自由的期望。人们对自由的期望越高，则当自由被剥夺时，其心理抗拒力量也越大。

（2）对自由剥夺的威胁。当个人的某种自由行为并未被剥夺，只是有可能被剥夺，即这种自由只是受到威胁时，人们也会产生心理抗拒且企图使自己保持这种自由。

（3）自由的重要性程度。如果一项自由对自己越重要，那么当这项自由被剥夺时，其心理抗拒力量也越大。所谓重要性，指这种自由行为更能满足自己的需要，而且无法用其他行为来替代。

（4）是否会影响到其他自由。如果人们的某种自由在被剥夺的同时，还会导致到其他自由也被剥夺，那么其心理抗拒会更强。

38. 答：公共关系一般人员是指在组织内部公共关系机构中工作的各类人员。其分类和日常工作有：

（1）调查分析人员。其主要任务是收集信息、预测公众动向和社会发展趋势，评估组织的形象和公共关系的工作效果，并寻找其形成的原因。

（2）计划人员。其主要任务是根据分析人员提供的资料，提出公共关系活动的目标、计划和方案，设计公共关系的项目。

（3）传播人员。其主要任务是按照既定的公共关系目标、计划和方案去开展、管理公共传播活动。

（4）文秘人员。其主要任务是撰写新闻稿、演讲稿、广告文稿、宣传手册、报刊文章、计划书和报告书、简报与通告、来往信函、起草文件等。

（5）专门技术人员。这主要是指财务人员、美工人员、摄影摄像人员、微机技术人员等。此外，公共关系人员还应做好设计与创作传播资料、宣传游说、与新闻界联系、同公众联络交往等方面的工作。

五、案例分析题

39. 答：（1）此案例说明了大众传播媒介在公共关系活动中的重要作用。科学调查表明：大众传播对某些议题的着重强调和这些议题在宣传中受重视的程度构成强烈的正比关系。在案例中，企业抓住“后窗热”，利用报纸连续刊登“请留心你家的后窗”这则广告，就是充分利用这一原理。

（2）在这次公共关系活动中，企业通过大众传播媒介在社会中形成一个热门话题，让这个话题直接或间接地与组织及其产品挂钩，从而达到良好的传播效果。他们借助“后窗热”这个与自己产品关联度极高的“议题”，通过报纸宣传，轻而易举地掀起了一个“百叶窗热”，并从中获得了良好的市场效益。

全国高等教育自学考试
公共关系学模拟试卷（二）

（课程代码 00182）

第Ⅰ部分 选择题（40分）

一、单项选择题（本大题共20小题，每小题1分，共20分。在每小题列出的四个备选项中只有一个是符合题目要求的，请将其代码填写在题后的括号内。错选、多选或未选均无分。）

1. 下列选项中，既是组织公共关系活动的基础，又是组织公共关系活动的结果的是（ ）。

A. 公共关系行为　　B. 公共关系舆论
C. 公共关系状态　　D. 公共关系观念

2. 在格鲁尼格教授卓越传播的三个层次里，哪一项是指高级传播人员和高层管理人员对传播功能和作用的共识？（ ）。

A. 知识核心层　　B. 文化核心层
C. 传播核心层　　D. 素质核心层

3. 对公共关系人员职业心理的最基本的要求是（ ）。

A. 自信　　B. 热情
C. 互惠　　D. 开放

4. 全员公共关系有赖于在组织内部形成一种（ ）。

A. 公共关系理论　　B. 公共关系观念
C. 公共关系意识　　D. 公共关系氛围

5. 第一印象的强烈影响指的是（ ）。

A. 定型作用　B. 首因效应

C. 晕轮效应　D. 近因效应

6. 形成组织力量的主体是（ ）。

A. 首要公众　B. 内部公众

C. 次要公众　D. 外部公众

7. 在公共关系策划中首先要考虑的应当是（ ）。

A. 实施者的利益　B. 企业的利益

C. 公众的利益　D. 策划者的利益

8. 人生观的核心是（ ）。

A. 价值观　B. 事业观

C. 世界观　D. 爱情观

9. 在我国，最大众化的传播媒介是（ ）。

A. 杂志　B. 广播

C. 互联网　D. 电视

10. 团体影响力的大小取决于（ ）。

A. 目标与团体的关系　B. 团体与社会的关系

C. 个人与团体的关系　D. 个人与社会的关系

11. 制造新闻常用的方法是（ ）。

A. 利用名人的声望和影响，制造名人效应

B. 公益广告

C. 邀请记者采访

D. 制造危机事件

12. 联想是开发人的（ ）。

A. 创造性思维的一种方法　B. 直觉思维的一种方法

C. 形象思维的一种方法　D. 理念思维的一种方法

13. 广告信息传播的对象是（ ）。

A. 广告主　B. 广告媒介

C. 广告代理商　D. 广告受众

14. 被认为是整合营销的最高阶段层次的是（ ）。

A. 关系管理的整合　B. 形象的整合

C. 认知的整合　D. 基于风险共担者的整合

15. 各种感觉的再现是（　　）。

A. 意识　　B. 记忆

C. 知觉　　D. 印象

16. 可以作为企业前进的加油站的庆典类型是（　　）。

A. 乔迁庆典　　B. 重大成果庆典

C. 周年庆典　　D. 开幕庆典

17. ________即公众对组织的产品所形成的认知和评价。（　　）

A. 组织的产品形象　　B. 组织的管理形象

C. 组织的人员形象　　D. 组织的环境形象

18. 知名度侧重于________的评价，即组织对社会公众影响的广度和深度。（　　）

A. “度”　　B. “信”

C. “质”　　D. “量”

19. ________是指组织形象作为组织在公众心目中的印象，必然受到公众自身价值观、思维方式、道德标准、审美取向、性格差异等主观因素的影响。（　　）

A. 主观性　　B. 系统性

C. 客观性　　D. 动态性

20. 公共关系危机管理的过程就是（　　）。

A. 危机控制的过程　　B. 危机信息传播管理的过程

C. 危机公共关系的过程　　D. 危机管理的过程

二、多项选择题（本大题共10小题，每小题2分，共20分。在每小题列出的五个备选项中至少有两个是符合题目要求的，请将其代码填写在题后的括号内。错选、多选、少选或未选均无分。）

21. 从工作性质上看，公共关系的职能的特征是（　　）。

A. 沟通性　　B. 交流性

C. 专业性　　D. 组织性

E. 传播性

22. 下列各项中，属于潜在公众的有（　　）。

A. 无形公众　　B. 未来公众

C. 隐蔽公众　　D. 潜伏公众

E. 隐患公众

23. 下列属于态度范畴的有（　　　　）。

A. 喜欢　　B. 否定

C. 厌恶　　D. 反对

E. 赞成

24. 舆论主要有以下四种形态（　　　　）。

A. 社会问题　　B. 社会事件

C. 社会运动　　D. 社会冲突

E. 社会焦点

25. 就传播渠道而言，目前公共关系工作用得最多的主要有（　　　　）。

A. 大众传播渠道　　B. 个人传播渠道

C. 公众传播渠道　　D. 组织传播渠道

E. 人际传播渠道

26. 下列属于企业行为识别系统的有（　　　　）。

A. 研究开发　　B. 产品开发

C. 公益活动　　D. 公害对策

E. 员工教育

27. 公共关系活动的行为方式有（　　　　）。

A. 建设型公共关系　　B. 维系型公共关系

C. 进攻型公共关系　　D. 防御型公共关系

E. 矫正型公共关系

28. 庆典活动一般可分为哪几种?（　　　　）。

A. 乔迁庆典　　B. 重大成果庆典

C. 受到特殊嘉奖庆典　　D. 周年庆典

E. 开幕庆典

29. 组织自我形象解析包括（　　　　）。

A. 组织实态的调查解析　　B. 员工阶层的调查研究

C. 管理阶层的调查解析　　D. 决策阶层的研究解析

E. 组织实际形象解析

30. 危机传播模型有（　　　　）。

A. 斯蒂文·芬克的阶段解析理论　　B. 班尼特的战略解析理论

C. 伯克兰的焦点事件理论　　D. 卓越理论

E. 马斯洛需要理论

第Ⅱ部分　非选择题（60分）

三、简答题（本大题共6小题，每小题5分，共30分。）

31. 简述处理与顾客公众关系的艺术。

32. 简述公共关系领导人及其日常工作。

33. 如何及时制止流言的产生与传播？

34. 简述杂志的优缺点。

35. 组织的自我形象分析包括哪些方面?

36. 建立有效的组织形象取决于哪些方面的协调与平衡?

四、论述题（本大题共 2 小题，每小题 10 分，共 20 分。）

37. 论述公众的特点。

38. 试述正确处理媒介公众关系的原则。

五、案例分析题（本题共10分）

39. 香港一强力胶水销售商贴出布告，说翌日他将把一枚价值数千美元的金币用胶水粘在墙上，谁能徒手把它剥下，便奉送给谁。结果不但吸引来了许多想得到意外之财的公众们，还引来了广播电台、电视台和报社、杂志社的记者。他们在众目睽睽之下用强力胶水把金币粘在墙上，围观者一个个满怀希望上前揭剥，却一个个黯然退下。终于有好事者拖来一位气功大师，这位气功大师果然出手不凡，金币周围的墙板上都出现了裂纹，然而金币依然牢牢地粘在墙上！消息不胫而走，强力胶水威力远近闻名，销路大开。

问题：(1) 在该案例中，香港商人是采用何种策略来达到宣传产品、提高知名度、扩大影响的目的？

(2) 说明在实施此策略时应注意哪些事项。

全国高等教育自学考试
公共关系学模拟试卷（二）
参考答案

（课程代码　00182）

一、单项选择题

1. C	2. A	3. A	4. D	5. B	6. B	7. C
8. A	9. B	10. C	11. A	12. A	13. D	14. A
15. C	16. C	17. A	18. D	19. A	20. B	

二、多项选择题

21. AE	22. BCDE	23. ABCDE	24. ABCD	25. ADE
26. ABCDE	27. ABCDE	28. ABCDE	29. ABCD	30. ABCD

三、简答题

31. 答：（1）树立为公众服务的思想，确立“顾客就是上帝”的观念。

（2）适应顾客公众的需要，不断创新，为顾客公众提供优质产品。

（3）想顾客公众所想，急顾客公众所急，为顾客公众提供一流的服务。

（4）妥善处理与顾客间的纠纷。

32. 答：公共关系领导人员是指公共关系部门的经理、主任，即负责人，是公共关系机构的领导者和管理者。他们的日常工作为：

（1）确定工作目标，制订工作计划。

（2）对人力、经费、设备、时间加以预算和分配。

（3）领导全体公共关系人员开展工作。

（4）内调外联，协调各方关系。

除了处理上述四项工作外，还有一些特殊的工作：

（1）出席组织最高领导层的工作会议，参与组织最高层的决策活动。

（2）充当组织的发言人，主持由组织主办的新闻发布会，负责向社会各界人

士解释说明组织的有关政策和行为。

（3）充当组织的外交代表，出席主持各种社交活动，在本组织与其他组织或公众的交往活动发生重大问题时，亲自到现场处理解决。

33. 答：（1）建立流言研究机构。

（2）及时制止各类流言，通过调查访问，向人们提供确切的消息，尽快彻底制止流言的流传。此外，在紧急情况下必须有针对性地及时制止流言。

34. 答：优点：（1）针对性强。

（2）信息的覆盖与更替周期长。

（3）印刷精良、装帧较好，更具保存价值。

缺点：（1）缺乏灵活性与时效性。

（2）阅读范围具有局限性。

（3）感染力较差。

35. 答：组织的自我形象分析包括以下几个方面：

（1）组织实态的调查分析；（2）员工阶层的调查研究；

（3）管理阶层的调查分析；（4）决策阶层的研究分析。

36. 答：（1）组织利益与公众利益的协调与平衡；

（2）总体形象与特定形象的协调与平衡；

（3）知名度与美誉度的协调与平衡。

四、论述题

37. 答：公众有以下五个方面的基本特征：

（1）群体性。公众对象不是单一的，而是与某一组织运行有关的群体环境。任何组织的生存和发展都离不开一定的公众群体环境。

（2）共同性。公众不是一盘散沙，而是具有某种内在共同性的群体。公众总是和某一特定的共同点联系在一起的，共同点的性质决定着公众的性质。界定公众首先要界定公众所面临的共同点。

（3）相关性。公众不是抽象的，而是具体的、与特定的组织相关的。这种相关性是组织与公众形成关系的关键。寻找公众、确定公众很重要的就是寻找和确定这种相关性，并把它们提出来，分析清楚，从而确定自己的目标公众。

（4）多样性。公众的存在形式不是单一的，而是复杂多样的。日常的公众关系对象，包括多种多样的个人关系、群体关系、团体关系、组织关系等。即使是同一类的公众对象，也可以有不同的存在形式。

（5）变化性。公众不是封闭僵化、一成不变的对象，而是一个开放的系统，处于不断变化发展的过程之中。公众环境的变化，必将导致公共关系工作目标、方针、策略、手段的变化。因此，人们必须以动态的、发展的眼光来认识自己的公众对象。

38. 答：要与媒介公众建立良好的关系，必须遵循“四要”“四不要”的原则。

（1）“四要”的具体内容：

一要以礼相待。对新闻媒介机构和记者编辑要友好热情，为他们来组织采访、写稿、核实等工作提供必要的帮助和服务。

二要以诚相待，实事求是。要提供组织真实可靠的材料和数据，既不能夸大组织成绩，也不能掩盖失误，更不能提供假新闻。如确系保密的技术、参数或预见报道可能给组织带来巨大的经济损失时，应如实向有关记者、编辑等说明利害关系，请他们酌情掌握。

三要平等相待。它有两层意义，一是对各种不同的报纸、杂志、广播、电视等媒介要一视同仁，不分厚薄亲疏，绝不可因新闻单位名气大小或级别高低的不同而采取截然不同的态度，应尽可能使它们获得同等的信息量和平等的采访机会；二是对记者报道组织的成绩或组织工作中的失误，对报道组织中的普通员工和领导人员都要一视同仁，热情协助。

四要迫不及待。即对于新闻媒介报道组织的工作失误，若情况属实，应立即改进，并主动邀请有关各方面和新闻媒体再度组织采访以改进工作。这样不仅会得到社会的谅解，也会取得新闻媒介的信任。组织做了好事，更应该广为宣传，以树立组织的良好形象。

（2）“四不要”的具体内容：

一不要一厢情愿。即不要对新闻媒介提不切实际的要求，不要强迫记者按组织的意愿写稿。

二不要以利相交。与新闻媒介不要搞庸俗关系，除了一般的纪念品外，不要搞请客送礼，更不要金钱贿赂。

三不要变相交换。即不要以登广告为诱饵，换取媒介为本组织发不该发的报道，更不要以撤回全年广告刊登计划相威胁，迫使媒介按组织要求发稿。

四不要临渴掘井。即同新闻媒介打交道，不能追求一时一事的功利，满足于

“抱佛脚”式的联系。这样，会使新闻媒介感觉组织缺乏长久合作的诚意。

总之，组织若不能处理好同媒介公众的关系，不仅会失去一个重要的公众，更严重的是组织的公共关系活动也会受到影响。

五、案例分析题

39. 答：(1) 此案例中，香港胶水销售商是采用“制造新闻”的策略来达到宣传产品、提高知名度、扩大影响的目的的。

(2) 制造新闻的方法是借助新闻媒介向公众传递组织信息或产品、商品信息，但不同于做广告，它经济实惠，影响广泛。而且，用制造新闻的办法来引起公众注意，既新奇，又直接让实物展示在公众面前，增强公众的信任感，印象更为深刻。使用制造新闻的方法要突出一个“新”字，否则便失去了新闻价值，公众不会产生新鲜感，也就失去了兴趣。因此，公共关系人员要善于开动脑筋，充分发挥创造性和想象力，出奇制胜，才能奏效。

全国高等教育自学考试
公共关系学模拟试卷（三）

（课程代码　00182）

第Ⅰ部分　选择题（40分）

一、单项选择题（本大题共20小题，每小题1分，共20分。在每小题列出的四个备选项中只有一个是符合题目要求的，请将其代码填写在题后的括号内。错选、多选或未选均无分。）

1. 中国国际公共关系协会成立于（　　）。
   A. 1983年　　B. 1985年
   C. 1987年　　D. 1991年
2. 公共关系人员应具备的公共关系意识中，核心意识是（　　）。
   A. 形象意识　　B. 服务意识
   C. 创新意识　　D. 沟通意识
3. 在下列选项中，属于按经营方式划分的公共关系公司的是（　　）。
   A. 合作型公司　　B. 专门业务服务公司
   C. 专项业务服务公司　　D. 综合服务咨询公司
4. 组织内设公共关系部门的特点是（　　）。
   A. 不便于协调　　B. 效率较低
   C. 运作的成本较高　　D. 易受组织内部主观因素的束缚
5. 公共关系作为一种职业和学科，最早产生于（　　）。
   A. 美国　　B. 英国

C. 法国　　　　　　　　　D. 葡萄牙

6. 在组织中，主要负责收集信息、预测公众动向及社会发展趋势等任务的公共关系人员是（　　）。

A. 调查分析人员　　　　　B. 计划人员

C. 传播人员　　　　　　　D. 文秘人员

7. 道德规范、社会舆论、风俗习惯，属于影响和改变态度因素中的（　　）。

A. 宣传因素　　　　　　　B. 团体因素

C. 社会因素　　　　　　　D. 个性因素

8. 公共关系部门被称为是一个“智囊机构”，这主要突出了公共关系的（　　）。

A. 收集信息功能　　　　　B. 辅助决策功能

C. 传播推广功能　　　　　D. 沟通协调功能

9. 一个组织被公众知晓、了解的程度，是该组织的（　　）。

A. 美誉度　　　　　　　　B. 信誉度

C. 知名度　　　　　　　　D. 可信度

10. 在公共关系中，对组织持中间态度，观点和意向不明朗的公众对象是（　　）。

A. 逆意公众　　　　　　　B. 顺意公众

C. 边缘公众　　　　　　　D. 目标公众

11. “比较性广告”所运用的定位策略是（　　）。

A. 市场跟进者定位策略

B. 市场领导者定位策略

C. 市场模仿者定位策略

D. 市场挑战者为其竞争对手重新定位策略

12. 主体作用于态度对象的行为准备状态是（　　）。

A. 情感　　　　　　　　　B. 认知

C. 意图　　　　　　　　　D. 思维

13. 策划新闻成功的关键在于（　　）。

A. 适时　　　　　　　　　B. 主题的适宜

C. 新闻题材的价值　　　　D. 创新

14 在下列公共关系活动方式中，运用最多、最广泛的是（　　）。

A. 宣传型公共关系　　B. 交际型公共关系

C. 征询型公共关系　　D. 服务型公共关系

15. 组织标志在视觉传达中的基本功能是（　　）。

A. 领导性　　B. 延伸性

C. 识别性　　D. 同一性

16. 情调、风格是（　　）。

A. 文化形象的外显　　B. 文化形象的内涵

C. 标识形象的内涵　　D. 标识形象的外显

17. 一个组织的形象蓝图最终来源于（　　）。

A. 决策阶层　　B. 管理阶层

C. 员工阶层　　D. 公众阶层

18. 建立在“个人或组织最重要的资产是它的声誉”的假设之上的理论是（　　）。

A. 阶段分析理论　　B. 形象修复理论

C. 卓越理论　　D. 焦点事件理论

19. 美国报界掀起“便士报”运动的时间是（　　）。

A. 20 世纪 20 年代　　B. 19 世纪 80 年代

C. 19 世纪 30 年代　　D. 19 世纪 20 年代

20. 公共关系专著《有效的公共关系》在美国被誉为“公共关系的圣经”，其作者是（　　）。

A. 艾维·李　　B. 卡特利普和森特

C. 巴纳姆　　D. 爱德华·伯尼斯

二、多项选择题（本大题共 10 小题，每小题 2 分，共 20 分。在每小题列出的五个备选项中至少有两个是符合题目要求的，请将其代码填写在题后的括号内。错选、多选、少选或未选均无分。）

21. 现代公共关系活动的意义在于使公共关系（　　　）。

A. 从无意识转变为有意识　　B. 从盲目转变为有计划

C. 从自发转变为自觉　　D. 从纯经验转变为科学

E. 从零散转变为系统

22. 按不同的经营方式，公共关系公司可以划分为（　　　）。

A. 专门业务服务公司　　B. 综合服务咨询公司
C. 合作型公司　　D. 独立型公司
E. 专项业务服务公司

23. 公众的特点包括（　　）。
A. 群体性　　B. 共同性
C. 相关性　　D. 多样性
E. 变化性

24. 流言内容变化经历的三个阶段是（　　）。
A. 产生　　B. 强调
C. 一般化　　D. 同化
E. 扩散

25. 把关人的传播行为包括（　　）。
A. 疏导　　B. 选择
C. 沟通　　D. 抑制
E. 过滤

26. 根据受众对象不同，报刊可分为（　　）。
A. 大众报刊　　B. 综合性报刊
C. 组织报刊　　D. 社会报刊
E. 专门性报刊

27. 宣传型公共关系的特征是（　　）。
A. 时效性强　　B. 主导性强
C. 有利于提高组织的知名度　　D. 推广组织形象的效果快
E. 传播面广

28. 确定广告主题应注意的事项包括（　　）。
A. 引人注目　　B. 整体统一
C. 浅显易懂　　D. 独特个性
E. 经济实惠

29. 组织形象构思与策划的成功取决于（　　）。
A. 知名度与美誉度的协调与平衡
B. 组织利益与公众利益的协调与平衡
C. 总体形象与特定形象的协调与平衡

D. 计划与预算的协调与平衡

E. 心理与环境的协调与平衡

30. 斯蒂文·芬克的阶段分析理论将危机过程划分为（　　）。

A. 危机潜在期　　B. 危机突发期

C. 危机解决期　　D. 危机控制期

E. 危机蔓延期

第Ⅱ部分　非选择题（60分）

三、简答题（本大题共6小题，每小题5分，共30分。）

31. 简述公共关系人员培养的原则。

32. 简述公共关系在我国的发展主要表现。

33. 简述追随流行的心理原因。

34. 简述口语传播的优缺点。

35. 简述赞助的作用。

36. 在公共关系危机传播过程中，如何把好“传者关”？

四、论述题（本大题共 2 小题，每小题 10 分，共 20 分。）

37. 试述公共关系人员应遵守的道德规范。

38. 试述广告策划的内容。

五、案例分析题（10 分）

39. 某公司准备搞一次开业二十周年庆典活动，总经理要求公共关系部拿出一个既经济又能达到预期效果的新闻报道方案。公共关系部经理立即召集公共关系部全体人员开会讨论报道方案。小张主张用报纸报道，既全面又省钱；小赵认为还是电视广告生动直观效果好，两人展开争论，公共关系部经理也陷入沉思……

如果你是公共关系部经理，如何确定报道方案并说明理由。

全国高等教育自学考试
公共关系学模拟试卷（三）
参考答案

（课程代码 00182）

一、单项选择题

1. D	2. A	3. A	4. D	5. A	6. A	7. C
8. B	9. C	10. C	11. D	12. C	13. D	14. B
15. C	16. C	17. A	18. B	19. C	20. B	

二、多项选择题

21. ABCDE	22. CD	23. ABCDE	24. BCD	25. AD
26. CD	27. ABCDE	28. ABCD	29. BCE	30. ABCE

三、简答题

31. 答：在我国，公共关系教育、培养的原则必须坚持社会主义方向，符合社会主义的教育规律，还必须遵循以下原则：

（1）科学理论知识与思想品德教育相结合。

（2）理论与实践相结合。

（3）因材施教、因人施教。

（4）专业知识和综合知识相结合。

32. 答：随着改革开放和市场经济的发展，公共关系在中国逐渐呈现出职能化、行业化、学科化、社会化和国际化的发展趋势，适应了我国改革开放与现实发展的需要。

（1）公共关系适应了对外开放的需要。

（2）公共关系适应了体制改革的需要。

（3）公共关系适应了市场经济发展的需要。

（4）公共关系适应了安定团结、社会稳定的需要。

33. 答：(1) 从众与模仿。

(2) 求新欲望。

(3) 自我防御与自我展示。

(4) 追随流行有个别差异。

34. 答：优点：(1) 不需要辅助手段，运用简便，易于控制。

(2) 双向交流，可做到“有的放矢”。

(3) 能释放人的情绪能量，起某种心理平衡作用。

缺点：(1) 传播距离短，覆盖范围窄。

(2) 口头语言消失迅速，难以直接保存。

(3) 口语信息容易失真。

35. 答：(1) 表明自己承担社会责任。

(2) 培养与社会公众的良好感情。

(3) 通过赞助活动做广告。

36. 答：(1) 建立完善的危机新闻中心。

(2) 设立新闻发言人——“谁来说”。

(3) 用一个声音说话——“说什么”。

(4) 建立梯度信息发布机制——“怎么说”。

四、论述题

37. 答：公共关系人员在工作中应遵守下列道德规范：

(1) 公正。对于自己所服务的以前和目前的顾客和雇主、自己的同行、新闻机构，不论职务高低的公众都一视同仁，公平对待。

(2) 正派。要诚实可靠，作风正派，行为良好，不牟私利；不能搞不正之风；不能从事腐蚀新闻界或政府机构的活动，不能搞“有偿新闻”；在传播活动中不能有意破坏同行的信誉。

(3) 对社会负责。要使自己的活动不仅符合客户和雇主的利益，而且要符合公众的利益。要对整个社会负责，注重社会效益。如果客户和雇主的要求有损公众利益或违反社会道德标准，应予以拒绝。

(4) 真实。在沟通信息时，必须真实准确，实事求是。在进行调查研究，收集社会公众和内部公众对本组织的评价时，要如实地加以整理、分析和反映，既报喜又报忧。在向外传递本组织的信息时，不能虚假、隐瞒。不能表面上是为了公众利益暗地里却是为了实现有违公众利益的目的。

（5）保密。公共关系人员为了更好地开展工作，必然要接触一些客户或雇主的机密。无论何时，公共关系人员都必须严守机密，即使不再为这一客户或雇主工作时，也应该如此。更不允许以掌握这一机密为资本，去为该客户的竞争对手服务。

38. 答：一项较完整的广告策划，一般包括五个方面的内容：

（1）市场调查。市场调查是进行广告策划的基础。一方面，只有对市场和消费者了解透彻，对有关信息和数据掌握充分，才可能做出较为准确的策划方案；另一方面，市场调查又不能漫天撒开，这样的代价太大，也没必要。市场调查安排，就是要确定要向什么市场、什么用户、进行何种方式的调查。

（2）广告定位。采取广告定位，是为了突出广告商品的特殊个性，即其他同类商品所没有的优异之处，而这些优点正是特定的用户所需求的。广告定位确定了广告商品的市场位置，符合消费者的心理需求，就可以为广告取得成功带来保障。根据广告定位，广告主题也就可以确定下来。

（3）广告创意。广告创意是决定广告策划成败的关键。广告定位之后的问题就是如何根据广告定位，把握广告主题，形成广告创意。成功的广告在于它能够运用独创的、新奇的诉求办法，准确地传递出商品信息，有效地诱发消费者的购买动机、欲望和行为。因此，创意是广告策划的中心环节。

（4）广告媒介安排。广告媒介安排是广告策划中直接影响广告传播效果的重要问题。媒介选择和发布时机安排得当，广告发布的投入产出效果就会比较好；否则，公司投放的广告费用就不能收到预期的效果。

（5）广告效果测定。广告效果测定是全面验证广告策划实施情况的必不可少的工作。公司委托的广告公司的工作水平、服务质量如何，整个广告策划是否成功，公司是否感到满意和更有信心，公司将以此为依据来对广告效果做出评价。

五、案例分析题

39. 答：（1）根据案例的实际要求，可以制定一个折中的综合报道方案，即主要依靠报纸的公共关系新闻传播功能，整体化报道本次庆典的过程。其中要记述公司的发展历程、经营理念、管理水平、产品特色、服务条件及能力等。而以少量的电视新闻为辅助。重点突出主要场面如开幕式、主要领导嘉宾的讲话、员工代表座谈等，使活动能够生动再现。

（2）理由：报纸报道既全面、详细，给公众以整体感；又能保存查阅，影响久远，同时也比较经济实惠。考虑到电视报道迅速直观，影响面较大，所以必须利用它来宣传，但因其费用较高，可以选择典型代表的活动场面，配以经典的报道语言，以减少公共关系预算。

全国高等教育自学考试
公共关系学模拟试卷（四）

（课程代码　00182）

第Ⅰ部分　选择题（40分）

一、单项选择题（本大题共20小题，每小题1分，共20分。在每小题列出的四个备选项中只有一个是符合题目要求的，请将其代码填写在题后的括号内。错选、多选或未选均无分。）

1. 公共关系的行为主体是（　　）。

A. 公众　　B. 个人
C. 组织　　D. 群众

2. 组织的公共关系部门介于组织与公众环境之间，对内它主要代表（　　）。

A. 领导　　B. 组织
C. 部门　　D. 社会公众

3. 现代公共关系职业化发端于（　　）。

A. 马斯洛时期　　B. 巴纳姆时期
C. 艾维·李时期　　D. 爱德华·伯尼斯时期

4. 组织机构与其相关公众之间相互交往和共处的情形与状况指的是（　　）。

A. 公共关系活动　　B. 社会舆论状态
C. 公共关系观念　　D. 社会关系状态

5. 国际公共关系协会成立于（　　）。

A. 1948年　　B. 1955年

C. 1975 年　　D. 1978 年

6. 在公共关系人员培养中，比较正规而又有效的途径是（　　）。

A. 大专培训班　　B. 函授教育

C. 大学本科教育　　D. 公共关系培训班

7. 公共关系工作对象中最敏感、最重要的部分是（　　）。

A. 顾客公众　　B. 内部公众

C. 政府公众　　D. 媒介公众

8. 老主顾、常客、社区居民属于（　　）。

A. 临时公众　　B. 个体公众

C. 周期公众　　D. 稳定公众

9.“刻板印象”又称为（　　）。

A. 近因作用　　B. 首因效应

C. 晕轮效应　　D. 定型作用

10. 大规模舆论的导火线是（　　）。

A. 社会冲突　　B. 社会问题

C. 社会事件　　D. 社会运动

11. 马斯洛认为决定人们行为的需要是（　　）。

A. 高级需要　　B. 低级需要

C. 优势需要　　D. 长远需要

12. 从众行为的主观原因是（　　）。

A. 权威命令　　B. 不愿意被孤立

C. 团体压力　　D. 他人劝说

13 议题设置论最杰出的研究者是（　　）。

A. 拉斯韦尔　　B. 拉扎斯非尔德

C. 库尔特·卢因　　D. 麦库姆斯

14. 具有显著的互动性特征的公共关系传播媒介是（　　）。

A. 杂志　　B. 报纸

C. 因特网　　D. 广播、电视

15. 便于读者迅速获得最新、最重要的信息是（　　）。

A. 倒金字塔的优点　　B. 顺时结构的优点

C. 并列结构的优点　　D. 逆时结构的优点

16. 某企业有一新产品刚投放市场，这个时候它应该选择的公共关系行为方式是（　　）。

A. 建设型公共关系　　B. 维系型公共关系

C. 进攻型公共关系　　D. 征询型公共关系

17. 赞助活动的最大特色是（　　）。

A. 刺激消费　　B. 利他性

C. 高效性　　D. 公益性

18. 确保信息、媒体的一致性是整合营销传播中的（　　）。

A. 功能整合　　B. 形象整合

C. 认知整合　　D. 协调整合

19. 组织的自我形象是其（　　）。

A. 实际的社会形象　　B. 公众形象

C. 期望建立的社会形象　　D. 过去已建立的社会形象

20. 能将企业识别的基本精神差异性充分表达出来的是（　　）。

A. MIS　　B. VIS

C. CI　　D. BIS

二、多项选择题（本大题共10小题，每小题2分，共20分。在每小题列出的五个备选项中至少有两个是符合题目要求的，请将其代码填写在题后的括号内。错选、多选、少选或未选均无分。）

21. 公共关系观念主要包括（　　）。

A. 形象观念　　B. 公众观念

C. 传播观念　　D. 互惠观念

E. 服务观念

22. 大中型公共关系公司一般由哪几部分组成（　　）。

A. 宣传部门　　B. 行政部门

C. 规划审计部门　　D. 专业技术部门

E. 国际和地区部门

23. 下列公众类型中，属于按同一标准划分的是（　　）。

A. 内部公众　　B. 稳定公众

C. 首要公众　　D. 非公众

E. 潜在公众

24. 在马斯洛的需要层次理论中，高级需要是指（　　）。

A. 安全的需要　　B. 生理的需要

C. 社交的需要　　D. 尊重的需要

E. 自我实现的需要

25. 根据表现的热情程度和持续时间的长短，流行可以分为（　　）。

A. 舆论　　B. 流言

C. 时髦　　D. 时狂

E. 盲从

26. 公共关系传播模式与理论主要有（　　）。

A. “5W”模式　　B. 把关人理论

C. 两级传播模式　　D. 受众选择“3S”论

E. 议题设置论

27. 针对不同的组织环境和组织公共关系具体状态，可采取不同的公共关系行为方式，包括（　　）。

A. 建设型公共关系　　B. 维系型公共关系

C. 防御型公共关系　　D. 进攻型公共关系

E. 矫正型公共关系

28. 公共关系危机传播过程涉及的变量因素包括（　　）。

A. 危机新闻中心　　B. 传者

C. 媒介　　D. 公众

E. 受传者

29. 组织的人员形象的外显包括（　　）。

A. 能力　　B. 素质

C. 作风　　D. 仪表

E. 态度

30. 新闻发布会的工作环节包括（　　）。

A. 确定主题　　B. 邀请记者

C. 会前准备　　D. 主持会议

E. 收集反馈信息

第Ⅱ部分　非选择题（60分）

三、简答题（本大题共6小题，每小题5分，共30分。）

31. 简述处理与顾客公众关系的艺术。

32. 简述公共关系领导人员及其日常工作。

33. 如何及时制止流言的产生与传播？

34. 简述杂志的优缺点。

35. 组织的自我形象分析包括哪些方面？

36. 简述广告的含义及广告活动的构成要素。

四、论述题（本大题共 2 小题，每小题 10 分，共 20 分。）

37. 试述公共关系的特征。

38. 试述影响心理抗拒的因素。

五、案例分析题（本大题共1小题，共10分）

长跑竞赛发生事故

1999年6月在春江市“阳歌杯”全民健身周长跑竞赛中，不幸多人中暑，两人死亡。当日上午，春江市骄阳似火，天气暴热。9时整，3 000多名运动员参加了1.5千米长的群众性长跑活动。随后，其中的350名运动员移至江滨路进行长跑竞赛。其中，中年男、女组和青年组赛程为8千米，少年组为3.6千米。由于在烈日下激烈的奔跑，有不少运动员先后出现深度不一的中暑反应。8名中暑较严重的运动员被迅速送往市急救医疗中心抢救。伍××在途中中暑摔倒，头部被摔伤，待送达急救中心时，心跳已停止。夺得中年女子组竞赛第2名的春江市第一机床厂的申××也因中暑不治于次日凌晨死亡。

（1）此案例涉及公共关系学的哪些知识点？

（2）试用所学的知识分析评点这一案例。

全国高等教育自学考试
公共关系学模拟试卷（四）
参考答案

（课程代码　00182）

一、单项选择题

1. C	2. D	3. C	4. D	5. B	6. C	7. D
8. D	9. D	10. C	11. C	12. B	13. D	14. C
15. A	16. A	17. B	18. B	19. C	20. B	

二、多项选择题

21. ABCDE	22. BCDE	23. DE	24. DE	25. CD
26. ABCDE	27. ABCDE	28. ABCDE	29. CD	30. ABCDE

三、简答题

31. 答：（1）树立为顾客公众服务的思想，确立“顾客就是上帝”观念。

（2）适应顾客公众的需要，不断创新，提供优质产品。

（3）想顾客公众所想，急顾客公众所急，为顾客公众提供一流的服务。

（4）妥善处理与顾客公众间的纠纷。

32. 答：公共关系领导人员是指公共关系部门的经理、主任、即负责人，是公共关系机构的领导者和管理者。他们的日常工作为：

（1）确定工作目标，制订工作计划。

（2）对人力、经费、设备、时间加以预算和分配。

（3）领导全体公共关系人员开展工作。

（4）内调外联，协调各方关系。

除了处理上述四项工作外，还有一些特殊的工作：

（1）出席组织最高领导层的工作会议，参与组织最高层的决策活动。

（2）充当组织的发言人，主持由组织主办的新闻发布会，负责向社会各界人

士解释说明组织的有关政策和行为。

（3）充当组织的外交代表，出席主持各种社交活动，在本组织与其他组织或公众的交往活动发生重大问题时，亲自到现场处理解决。

33. 答：（1）建立流言研究机构。

（2）及时制止各类流言，通过调查访问，向人们提供确切的消息，就可以彻底制止流言的流传。此外，在紧急情况下必须有针对性地及时制止流言。

34. 答：优点：（1）针对性强。

（2）信息的覆盖与更替周期长。

（3）印刷精良，装帧较好，更具保存价值。

缺点：（1）缺乏灵活性与时效性。

（2）阅读范围具有局限性。

（3）感染力较差。

35. 答：组织的自我形象分析包括以下几个方面：

（1）组织实态的调查分析。

（2）员工阶层的调查研究。

（3）管理阶层的调查分析。

（4）决策阶层的研究分析。

36. 答：广告是由特定的广告主通过付费的方式，运用说服的技巧，通过各种传播媒介对产品、服务或观念等信息的非个人的介绍及推广。对一项具体的广告活动来讲，其主要构成要素有广告主、广告代理商、广告信息、广告媒介、广告受众等。

四、论述题

37. 答：公共关系的特征是：

（1）公共关系是一个完整的职能，目的在于增进公司利益和达成其他整体的目标。

（2）公共关系并不制定政策，但是可以帮助管理当局表达公司的政策。

（3）对于受公司措施影响的人们，公共关系人员需注意他们的影响和可能的反应，因此，重大的措施虽然表面上与公共关系无关，也应先向公共关系部门咨询。

（4）行动比空言有力，所有信誉都建立在行动而非语言、文字之上，但如果要让他人知悉并了解公司的行动，就得借助于语言或文字。

（5）公共关系虽然是管理部门的职责，却仍然有其明确的责任范围，如果要承担这种责任，就必须配备适当的人员并给予财力支持，其所担负的任务必须限于公司公共关系范围以内的工作。

（6）公共关系人人有责，公共关系部门的最终目标是使所有人了解传播对于良好的管理是必要且不可分割的。

（7）关于公司的形象是相对的，要依据某种公众对于公司的具体要求和兴趣而定。

（8）人们经常根据不完全的证据形成对公司的印象。因此，公共关系人员应尽力去注意细节，为公司争取良好的印象。

（9）因为公司是在舆论所形成的环境下营运发展的，因此对于任何人士所具有的访问权力均应尊重。

（10）人们通常对于了解最少的事物感到厌恶、恐惧或猜疑，如果不提出理由并加以解释，人们就会自行想象，因此透露、传播资料信息时不要吝惜。

（11）不可歪曲及夸大事实，公共关系的主旨在于陈述事实，以便他人对公司能公平评估，引起公众兴趣，进而对他们产生影响。

（12）少做做得好，比多做做不好要强。

（13）在观念的领域中，要引起特别的注意，其间竞争非常激烈，公共关系的一项基本任务就是要引起别人对于公司的好感和兴趣。

（14）公共关系的艺术成分多于科学成分，这种艺术一定要以社会科学的崭新知识为基础，对于公众对象的组成及态度要做科学的评估，对于公司本身要有透彻的认识。

38. 答：心理抗拒的强弱是由以下四个因素决定的：

（1）对自由的期望。人们对自由的期望越高，那么当自由被剥夺时，其心理抗拒力量也越大。

（2）对自由剥夺的威胁。当个人的某种自由行为并未被剥夺，只是有可能被剥夺，即这种自由只是受到威胁时，人们也会产生心理抗拒且企图使自己保持这种自由。

（3）自由的重要性程度。如果一项自由对自己越重要，那么当这项自由被剥夺时，其心理抗拒力量也越大。所谓重要性，指这种自由行为更能满足自己的需要而且无法用其他行为来替代。

（4）是否会影响到其他自由。如果人们的某种自由被剥夺，还会影响到其他自由，那么其心理抗拒会更强。

五、案例分析题

答：（1）此案例涉及公共关系的管理和策划。

（2）在此案例中，由企业赞助全民健身周活动，本来是一种极具传播价值的公关活动，但是在长跑比赛中发生了两人死亡、多人中暑的不幸事件。这主要是由于公关活动的主持者忽视了公共关系管理的环境因素。所谓环境因素就是对公关主体的决策和行为构成直接或间接影响的外界因素，其中包括时间和空间因素。6 月的春江市，天气酷热，在这种条件下，让 3 000 多名运动员参加长跑比赛，实属时间选择不当。很明显，主持者在这次公关活动中忽视了环境因素（时间与空间）对主体因素（参赛者）的影响，使本来很有意义的公关活动变成了一个悲剧。经新闻媒体报道后，其不良影响可想而知。

全国高等教育自学考试
公共关系学模拟试卷（五）

（课程代码 00182）

第Ⅰ部分 选择题（40分）

一、单项选择题（本大题共20小题，每小题1分，共20分。在每小题列出的四个备选项中只有一个是符合题目要求的，请将其代码填写在题后的括号内。错选、多选或未选均无分。）

1. 人际关系的行为主体是（ ）。

A. 个人　　B. 公众

C. 群众　　D. 组织

2. 以下属于非官方、非营利的群众性组织的是（ ）。

A. 公共关系部　　B. 公共关系协会

C. 公共关系策划部　　D. 社区关系部

3. 公共关系学正式成为一门科学的时间是（ ）。

A. 20世纪初　　B. 20世纪20年代

C. 20世纪30年代　　D. 20世纪40年代

4. 组织中主要负责提出公共关系活动目标、计划和方案，设计公共关系项目的专职人员是（ ）。

A. 分析人员　　B. 技术人员

C. 传播人员　　D. 计划人员

5. 关系到组织生死存亡，决定组织成败的公众对象是（ ）。

A. 组织公众　　B. 个体公众

C. 首要公众　　D. 顺意公众

6. 认为“教师文质彬彬，商人唯利是图”的心理定式是（　　）。

A. 首因效应　　B. 近因效应

C. 定型作用　　D. 晕轮效应

7. 在公共关系工作中，属于“必争之地”的是（　　）。

A. 顺意公众　　B. 逆意公众

C. 边缘公众　　D. 目标公众

8. 左右人的行为方向，在态度中具有调节作用的是（　　）。

A. 认知　　B. 情感

C. 需求　　D. 意图

9. 对于新的构想比较慎重，但能相当积极地追随流行的人是（　　）。

A. 早期采用者　　B. 先驱者

C. 前期追随者　　D. 后期追随者

10.“意见领袖”这一重要概念来源于（　　）。

A. 两级传播论　　B.“3S”论

C. 把关人理论　　D. 议题设置论

11.“二战”期间，建立了“流言诊所”的国家是（　　）。

A. 美国　　B. 英国

C. 法国　　D. 日本

12. 在下列公共关系活动的方式中，以采集信息、舆论调查、民意测验为主的是（　　）。

A. 宣传型公共关系　　B. 交际型公共关系

C. 社会活动型公共关系　　D. 征询型公共关系

13. 市场领导者定位的战略思想是（　　）。

A. 先入为主　　B. 寻找空隙

C. 挑战对手　　D. 双赢策略

14. 发布新闻的原则是（　　）。

A. 坚持实事求是　　B. 追求新奇

C. 具有轰动效应　　D. 强化感染力

15. 人员推销功能与其他营销传播要素直接整合在一起是整合营销传播中的（　　）。

A. 认知整合　　B. 形象整合

C. 功能整合　　D. 协调整合

16. 企业对各种公益事业提供资金、物力等方面的支持，以社会服务形式进行的公共关系活动属于（　　）。

A. 展览活动　　B. 庆典活动

C. 赞助活动　　D. 对外开放参观

17. 反映组织形象的镜子是（　　）。

A. 公众　　B. 领导

C. 传播媒介　　D. 组织

18. 日前大多数政府公共关系机构都采用（　　）。

A. 新闻代理模型　　B. 公共信息模型

C. 双向非对称模型　　D. 双向对称模型

19. 公共关系危机的典型表现形态是（　　）。

A. 形象危机　　B. 品牌危机

C. 信誉危机　　D. 舆论危机

20. 口号、厂歌、厂旗属于（　　）。

A. 文化形象的内涵　　B. 文化形象的外显

C. 标识形象的外显　　D. 标识形象的内涵

二、多项选择题（本大题共10小题，每小题2分，共20分。在每小题列出的五个备选项中至少有两个是符合题目要求的，请将其代码填写在题后的括号内。错选、多选、少选或未选均无分。）

21. 组织的公共关系状态包括（　　）。

A. 社会阶层状态　　B. 社会关系状态

C. 社会发展状态　　D. 社会舆论状态

E. 社会结构状态

22. 下列属于公共关系公司经营范围的有（　　）。

A. 咨询诊断　　B. 策划活动

C. 培训服务　　D. 规范行业道德及行为准则

E. 普及公关知识

23. 通才式公共关系人才的定位是（　　）。

A. 懂管理　　B. 善沟通

C．会策划　　D．会编辑

E．善传播

24．根据公众发展过程的不同阶段，公众可分为（　　）。

A．潜在公众　　B．非公众

C．首要公众　　D．知晓公众

E．行动公众

25．在公共场合下，大众心理现象的表现形式是（　　）。

A．流行　　B．时髦

C．意图　　D．流言

E．舆论

26．受众选择“3S”论中的“3S”是指（　　）。

A．选择性标识　　B．选择性注意

C．选择性记忆　　D．选择性理解

E．选择性分析

27．理论思维的特点有（　　）。

A．形象性　　B．概括性

C．科学性　　D．系统性

E．间接可行性

28．新闻稿采用倒金字塔结构的优点在于（　　）。

A．便于读者迅速获得最新最重要的信息

B．便于节省读者时间

C．便于编辑修改，保留重要信息

D．节省报纸版面

E．易于被编辑接受

29．整合营销传播方法包括（　　）。

A．主题线法　　B．同一外观法

C．供应面的策划方法　　D．特设会议的方法

E．基于消费者的方法

30．下列内容属于 BIS 对内行为的是（　　）。

A．产品开发　　B．市场调查

C．干部教育　　D．促销活动

E．生产福利

第Ⅱ部分 非选择题（60分）

三、简答题（本大题共6小题，每小题5分，共30分。）

31. 简述非正式团体的特征。

32. 简述公共关系的功能。

33. 简述舆论的特征。

34. 简述文字传播媒介的优缺点。

35. 组织实际形象分析包括哪些步骤？

36. 在公共关系危机传播计划的实施过程中，怎样善用“媒介”？

四、论述题（本大题共 2 小题，每小题 10 分，共 20 分。）

37. 试述公共关系与人群关系的联系与区别。

38. 作为市场领导者的公司，要保持住市场上的领导地位必须注意哪些问题？

五、案例分析题（10分）

39. 一消费者在食用当地一家颇有影响的食品企业所生产的食品时，发现食品中有异物，于是他与该企业进行了交涉。企业接待人员同意研究后给予答复，但此后便没了下文。无奈之下，消费者把有异物的食品拿到当地一家颇有影响的报社，该报社遂派记者到企业进行现场采访。记者们在企业拍摄到许多违反国家食品生产规定的生产画面。企业负责人发现后强行索要记者所拍资料，未果后，将记者扣留，记者报案后，在公安人员解救下得以安全返回。事后，该报以系列报道的形式将消费者反映的问题以及记者在企业中所拍摄的资料、经历公之于众，企业经营一时陷入困境。

问题：（1）该企业经营陷入困境的原因是什么？

（2）如果你是该企业的负责人，你将如何处理此事？

全国高等教育自学考试
公共关系学模拟试卷（五）
参考答案

（课程代码　00182）

一、单项选择题

1. A	2. B	3. B	4. D	5. C	6. C	7. C
8. B	9. C	10. A	11. A	12. D	13. A	14. A
15. D	16. C	17. A	18. B	19. D	20. B	

二、多项选择题

21. BD	22. ABC	23. ACE	24. ABDE	25. ADE
26. BCD	27. CDE	28. AC	29. ABCDE	30. CE

三、简答题

31. 答：非正式团体具有以下特征：

（1）以相近的心理特征和共同的心理需求为基础，自发形成。

（2）实行的是感情逻辑，以感情作为聚合的纽带，以团体共同的感情和态度作为价值标准。

（3）团体内具有很强的整体意识和压力，有不成文的行为规范，对其成员的行为有极大的约束力。

（4）团体内部有自然形成的领袖人物（常称之为意见领袖），其威信高、影响力大。

（5）团体中有比较灵敏的信息传递渠道，成员之间思想沟通度深且通畅。

（6）有两重性作用。在与正式组织目标一致时，非正式团体能成为组织的辅助力量；相反，则会成为组织的异己力量，削弱或阻碍正式组织实现目标。

32. 答：公共关系的功能有：①收集信息；②辅助决策；③传播推广；④协调

沟通；⑤提供服务。

33. 答：舆论具有如下特征：

（1）舆论作为一种公众的意见，当然是为多数人赞成与支持的。

（2）舆论总是涉及社会的安宁与幸福的问题。

（3）舆论本身含有合理性。

（4）舆论是有效的。

（5）舆论一般不是政府的意见，若是政府的意见，就会以政府的公告、宣言、政策等形式出现。舆论是广大民众的呼声。

34. 答：优点：

（1）传播距离延长、范围大。

（2）信息可以保存，不会迅速消逝。

（3）信息传递均确切可靠性。

缺点：

（1）传播速度慢、信息容量小，规模小且成本高。

（2）文字信息传递具有局限性。

35. 答：（1）公众辨认与分析。

（2）组织形象地位测量。

（3）组织形象要素分析。

36. 答：善于利用媒介发挥其积极的功能，将会有助于组织与公众的交流和危机的解决。善用“媒介”，要做到以下几点：

（1）要选择指定的媒体代表发布信息。

（2）对媒体应一视同仁。

（3）召开媒体恳谈会。

四、论述题

37. 答：（1）公共关系与人群关系的联系：

人群关系主要指组织内部的人际关系，而良好的内部关系是公共关系的基础。与内部公众沟通，协调内部关系也是公共关系实务的重要内容。同时，公共关系学也要借助行为科学、管理心理学的理论和方法来分析人群的心理特征和行为规律，以便科学地处理人群关系。因此公共关系与人群关系是有一定联系的。

（2）公共关系与人群关系的区别：

①公共关系不局限于组织和群体内部的传播、沟通，还包括大量的外部关系，要面对复杂的社会公众环境。

②公共关系不局限于管理现场直接面对面的群体关系和个人关系，还需要特别关注不直接见面的、远距离的人群沟通，并十分重视人群环境的长远变化和发展趋势。也就是说，公共关系需要兼顾内部和外部的关系、眼前和未来的关系。可见，虽然公共关系和人群关系同属组织管理范畴，但公共关系比人群关系的内容更复杂，范围更广泛。

38. 答：（1）不能用自己的话来建立领导地位，而必须用消费者的客观评价来建立，自吹自擂一定会引起消费者的反感。

（2）持续强化公司最初的产品概念及经营理念，并充分利用这个最初概念或理念所创造的“先入为主”的优势。

（3）必须克服自满倾向，密切注视同行业竞争者每一样新产品的发展。

（4）领导者的定位策略一旦实现，千万不能以为这样便可以一劳永逸，必须意识到这只是定位计划的开始，要不断地巩固这种定位。

（5）处于市场领导者地位的公司和品牌，要善于用自己的力量（财力和物力）抑制竞争对手而确保自己的领导者地位。应该经常利用其领导地位的权势与影响力，始终保持公司优越于竞争者的良好状态。

（6）领导者的内在力量来源于自己的产品，而不是组织。因为是产品在消费者心中扎下了根而不是其他虚无缥缈的东西。

（7）领导者应该有众多著名的品牌和产品，并使每一个品牌都能在消费者心中处在一个好的、有利的位置上。这样就能让消费者相信，作为领导者的公司所生产的任何产品肯定都是一流的。

五、案例分析题

39. 答：（1）该企业经营陷入困境的根本原因是企业经营行为不当，导致所生产的食品违反国家的有关规定，引起消费者不满。直接原因则在于企业没有很好地处理消费者的质量投诉，导致危机出现。更严重的是对前来采访的记者采取了非法手段，加重了危机程度，从而使企业陷入经营困境。

（2）如果我是企业负责人，首先，我将要求企业中负责处理此类事情的人员认真对待消费者的质量投诉，与消费者协商，根据国家有关规定和消费者意愿，求得问题的妥善解决，以防止事态扩大。在此过程中如有记者前来采访，在尊重记者采访权的前提下，力争客观地表达企业对问题的处理意见，以及企业的整改措施，求得媒体的客观报道。在此基础上，查找企业管理中的漏洞，严格企业管理，杜绝类似问题的再度发生，从根本上杜绝危机源。

全国高等教育自学考试
公共关系学模拟试卷（六）

（课程代码　00182）

第Ⅰ部分　选择题（40分）

一、单项选择题（本大题共20小题，每小题1分，共20分。在每小题列出的四个备选项中只有一个是符合题目要求的，请将其代码填写在题后的括号内。错选、多选或未选均无分。）

1. 在公共关系中，将追求平等和双赢作为处理各种关系的行为准则而形成的公共关系观念，一般称为（　　）。

A. 服务观念　　B. 协调观念

C. 传播观念　　D. 互惠观念

2. 对公共关系下定义时，强调公共关系是一种公众性、社会性的关系或活动的是（　　）。

A. 传播论　　B. 管理论

C. 咨询论　　D. 社会关系论

3. 组织内设公共关系部门归属于销售部门，强调公共关系的（　　）。

A. 服务功能　　B. 宣传功能

C. 促销功能　　D. 协调功能

4. 被称为“公共关系之父”的人是（　　）。

A. 伯尼斯　　B. 巴纳姆

C. 艾维·李　　D. 格鲁尼格

5. 公共关系人员职业心理的最基本要求是（　　）。

A. 自信的心理　　B. 热情的心理

C. 创造的心理　　D. 开放的心理

6. 通过胜任感和成就感来获得满足的需要是指（　　）。

A. 安全的需要　　B. 尊重的需要

C. 社交的需要　　D. 自我实现的需要

7. 可以使其对本组织充满信心、增强向心力的公众类型是（　　）。

A. 政府公众　　B. 内部公众

C. 首要公众　　D. 顾客公众

8. 在两级传播模式中，意见领袖又可称之为（　　）。

A. 守门人　　B. 把关人

C. 舆论指导者　　D. 媒介

9. 下列关于流行的说法中，正确的是（　　）。

A. 流行是一种长期不变的社会现象

B. 流行涉及的范围很狭小

C. 流行是少数人随从和追求某种生活方式

D. 时髦是流行的一种表现

10. 公共关系工作的生命线是（　　）。

A. 负责　　B. 公平

C. 正统　　D. 真实

11. 营利性组织市场经营的生命线是（　　）。

A. 社区公众　　B. 内部公众

C. 顾客公众　　D. 政府公众

12. 当组织的政策或行为出现不适应公众的现象时，适宜采取的公共关系方式是（　　）。

A. 建设型公共关系　　B. 维系型公共关系

C. 进攻型公共关系　　D. 防御型公共关系

13. 行为识别系统简称（　　）。

A. DIS　　B. CIS

C. BIS　　D. IC

14. 决定广告策划成败的关键是（　　）。

A. 广告创意　　B. 广告定位

C. 广告效果测定　　D. 广告媒介安排

15. 当组织“臭名远扬”时，组织的实际形象状态为（　　）。

A. 高知名度/高美誉度　　B. 高美誉度/低知名度

C. 低知名度/低美誉度　　D. 低美誉度/高知名度

16. 以概括性导语为主体，让新闻事实排列成为一个有机整体的新闻稿结构属于（　　）。

A. 倒金字塔结构　　B. 顺时结构

C. 并列结构　　D. 金字塔结构

17. 被称为广告发展全新阶段的是（　　）。

A. 全面服务期　　B. 传播分离期

C. 广告分离期　　D. 整合传播期

18. 能全面的、整体的展现组织形象的是（　　）。

A. 组织的人员形象　　B. 组织的产品形象

C. 组织的环境形象　　D. 组织的管理形象

19. 公共关系危机管理就是（　　）。

A. 危机预防管理　　B. 危机传播管理

C. 危机恢复管理　　D. 危机控制管理

20. 在下列模型中，被称为相互理解模型的是（　　）。

A. 公共信息模型　　B. 新闻代理模型

C. 双向非对称模型　　D. 双向对称模型

二、多项选择题（本大题共10小题，每小题2分，共20分。在每小题列出的五个备选项中至少有两个是符合题目要求的，请将其代码填写在题后的括号内。错选、多选、少选或未选均无分。）

21. 组织内设公共关系部门的基本模式大致有（　　）。

A. 部门隶属型　　B. 部门并列型

C. 高层领导直属型　　D. 专门技术型

E. 公关委员会

22. 培养公共关系人员应坚持的原则有（　　）。

A. 理论与实践相结合

B. 科学理论知识与思想品德教育相结合

C. 因人施教

D. 因材施教

E. 专业知识和综合知识相结合

23. 下列选项中，属于组织的环境形象因素的有（　　）。

A. 橱窗　　B. 厂服

C. 展览室　　D. 商标

E. 办公室

24. 制约知觉选择性的客观因素有（　　）。

A. 知觉对象的组合　　B. 知觉对象本身的特征

C. 人的需要与兴趣　　D. 知觉对象和背景的差别

E. 人的性格

25. 团体成员是否从众的决定因素有（　　）。

A. 团体方面　　B. 个人方面

C. 问题本身　　D. 外来压力

E. 外来影响

26. 社会活动型公共关系的特点是（　　）。

A. 社会活动面窄　　B. 社会参与面广

C. 社会影响力强　　D. 形象投资费用低

E. 形象投资费用高

27. 一项较完整的广告策划，一般包括（　　）。

A. 市场调查　　B. 广告定位

C. 广告创意　　D. 广告媒介安排

E. 广告效果测定

28. "全员 PR 管理"要求组织上下必须达到（　　）。

A. 全员加强公共关系配合

B. 领导必须抓住每一个公共关系环节

C. 领导有强烈的公共关系意识

D. 每个员工都成为职业公共关系人员

E. 营造良好的公共关系氛围

29. 市场挑战者为其竞争对手重新定位的策略的特点有（　　）。

A．否定性　　B．系统性

C．强制性　　D．突然性

E．灵活性

30．下列有可能引起危机的突发事件有（　　　　）。

A．传染病流行　　B．大地震

C．瓦斯爆炸　　D．重大盗窃案件

E．产品自身存在严重缺陷

第Ⅱ部分　非选择题（60分）

三、简答题（本大题共6小题，每小题5分，共30分。）

31．与非正式团体相处时应注意的问题有哪些？

32．公共关系中的形象具有哪些更为深层的意义？

33. 简述报纸传播的优缺点。

34. 广告与公共关系的联系表现在哪些方面？

35. 简述公共关系危机的类型。

36. 简述标志在 VIS 中的特性。

四、论述题（本大题共2小题，每小题10分，共20分。）

37. 试述确定广告主题应注意的事项。

38. 试述马斯洛需要理论的要点。

五、案例分析题（10 分）

39. 2004 年春节刚过，北京密云灯展就拉开了序幕。元宵节前，灯展每天有 3 000 人左右的游人，但元宵节当天游人突破 3 万人，公园中十分拥挤，而公园中的彩虹桥既长又窄，最窄处不过 3~4 米。不幸的事情发生了，19 时 45 分，彩虹桥上发生了严重的游人踩踏事件，这起恶性事故造成了 37 人死亡，15 人受伤。事故原因并不复杂：元宵节观灯游人骤升造成公园人员拥挤，一游人在彩虹桥上不慎摔倒，引起身后游人拥挤踩踏而造成人员伤亡。

请运用所学的公共关系知识来分析如何预防此类事故的发生。

全国高等教育自学考试
公共关系学模拟试卷（六）
参考答案

（课程代码 00182）

一、单项选择题

1. D	2. D	3. C	4. C	5. A	6. D	7. B
8. C	9. D	10. D	11. C	12. D	13. C	14. A
15. D	16. C	17. D	18. D	19. B	20. D	

二、多项选择题

21. ABCE	22. ABCDE	23. ACE	24. ABD	25. ABC
26. BCE	27. ABCDE	28. ACD	29. ACE	30. ABCD

三、简答题

31. 答：（1）对于积极型或正面型的非正式团体，应采取支持和保护的原则。

（2）对于中间型非正式团体则应持慎重的态度，注意引导和争取。

（3）对于消极型非正式团体则应采取必要措施以防其进一步质变和恶化，总的原则是教育、改造。

32. 答：（1）公共关系所说的形象其本质是信誉，重视组织形象实质上是重视组织信誉。

（2）公共关系将建设和完善组织形象的内涵放在第一位，然后才考虑建构组织形象的外观。

（3）公共关系塑造的是组织的整体形象，而不仅仅限定在个别的、具体的产品形象或人员形象要素上。

（4）公共关系形象是通过组织的传播活动去影响公众的观念和态度而形成的，这种传播活动虽然也借用各种直观设计的方法和视觉的效果，但不是单纯靠感官的刺激，而要靠理性的说服、靠思想的沟通、靠情感的交流去影响人心。

33. 答：优点：（1）可充分处理论题。

（2）选择性强。

（3）易于保存、易于检索。

（4）专业性强。

（5）经济性强。

缺点：（1）时效性差。

（2）读者的受局限性。

（3）报纸的现场感、形象感较差。

34. 答：从企业对外传播的角度来看，广告与公共关系的联系是十分紧密的，主要表现为以下四个方面：

（1）都以企业的市场营销战略为依据。

（2）都以目标公众为对象。

（3）都以传播信息为手段。

（4）都以形象的塑造为使命。

35. 答：公共关系危机在类型划分上主要有如下几个方面：

（1）按渊源划分。从公共关系危机发生的渊源划分，可分为两种类型：自然原因导致的危机和人为因素导致的危机，也即通常所说的“天灾”和“人祸”。

（2）按组织类别划分。公共关系危机按组织类别划分主要是指依据行业属性划分，可以分为企业公共关系危机、政府公共关系危机、非营利性组织公共关系危机等。

（3）按性质划分。按公共关系危机的性质划分，可以分为产品危机、服务危机、信任（誉）危机、舆论（媒体关系）危机、形象危机、品牌危机等。

36. 答：标志在 VIS 中具有如下的特性：①识别性；②领导性；③同一性；④时代性；⑤延伸性；⑥系统性。

四、论述题

37. 答：在选定广告主题时，应当共同注意以下几个方面：

（1）引人注目。选择广告主题的最大标准，就是要选择那些能够引人注目的主题，也即能够吸引目标受众注意的主题，应当争取尽可能多地引起人们的注意。

（2）浅显易懂。当广告主题在把广告概念换成语言和图像时，从某种意义上说是进行了“加工”。通过选择浅显易懂的广告主题，向消费者正确地传递概念。

（3）整体统一。广告主题应着力体现商品和公司的整体统一性。

（4）独特个性。

在确定广告主题的过程中，要尽可能避免以下一些情况：

（1）泛化。由于目前市场上充斥大量生产、大量推销的情况，互相模仿的情况也较普遍，因此广告主题应防止泛化。

（2）分散。这是指如果在一个广告内有太多的主张，什么都想说的话，就会显得内容分散，不得要领，给消费者的印象也是零散的。此外，在一个广告片或一个广告画面上，充斥了过多的语言或文字，传达的信息过于庞杂，也会冲淡广告主题，从而分散了消费者的注意力。

（3）共享。这是指广告主题所选取的形象代言人为不同公司或产品共同使用的情况。

38. 答：马斯洛需要理论的要点是：

（1）人类有五种基本需要。分别是生理的需要、安全的需要、社交的需要、尊重的需要、自我实现的需要。

（2）需要是有层次的。对一般人来说，这五种需要由低到高依次排成一个阶梯，当低层次的需要获得相对的满足后，下一个需要就占据了主导地位，成了驱动行为的主要动力。

（3）行为是由优势需要决定的。马斯洛认为，在同一时间、地点、条件下，人存在多种需要，其中有一种占优势地位的需要决定着人们的行为。

五、案例分析题

39. 答：（1）建立灵敏的预警系统。为了预防危机的发生，防患于未然，组织应设立自己的情报信息网络，保持沟通联络，对可能出现的危机信息进行处理，做出科学预测，分析危机出现的可能性及可能产生的副作用。

（2）组建危机管理小组。危机管理小组必须获得授权，以使其在危机爆发后，能拥有危机管理的最高决策权力，调动所需资源。危机管理小组还应承担起危机传播机构的职能，即在组织内部确保危机传播渠道以及反馈渠道的顺畅。

（3）充足的资源保障。资源保障包括两个方面：人力资源和物力资源。人力资源的保障重在对组织内部的员工进行危机意识的培养，同时要对公共关系危机管理的专业人员进行培训，以确保危机管理有一批训练有素的专职人员。物力资源则应注重组织机构的硬件建设，提供危机管理所需要的各种物资保障。

（4）仿真“演习”。任何组织的危机预防都要落实到具体的实战演习中。确保危机意识的培养，预防方案问题的发现与改进。

全国高等教育自学考试
公共关系学模拟试卷（七）

（课程代码 00182）

第Ⅰ部分 选择题（40分）

一、单项选择题（本大题共20小题，每小题1分，共20分。在每小题列出的四个备选项中只有一个是符合题目要求的，请将其代码填写在题后的括号内。错选、多选或未选均无分。）

1. 作为一门课程，公共关系学首次在大学内被讲授是在（　　）。

A. 哈佛大学　　B. 纽约大学

C. 波士顿大学　　D. 斯坦福大学

2. 撰写新闻稿、广告稿工作归属于（　　）。

A. 传播人员　　B. 专门技术人员

C. 文秘人员　　D. 调查分析人员

3. 公共关系传播最基本的功能是（　　）。

A. 强化舆论，扩大影响　　B. 提高知名度和美誉度

C. 创造舆论，告知公众　　D. 引导舆论，控制形象

4. 在下列气质类型中，具有选择性知觉的速度快、数量多的特点的是（　　）。

A. 多血质型　　B. 胆汁质型

C. 抑郁质型　　D. 黏液质型

5. 组织的全员公共关系培训即指对全员进行公共关系教育，其重点是（　　）。

A. 政治思想教育　　B. 公共关系思想及意识教育

C. 公共关系知识普及教育　　D. 公共关系能力教育

6. 消费者、协作者、竞争者、记者、名流、政府官员、社区居民等属于组织的（　　）。

A. 组织公众　　B. 个体公众

C. 内部公众　　D. 外部公众

7. 下列不属于流行现象的是（　　）。

A. “一窝蜂”　　B. 流言

C. 时髦　　D. 时狂

8. 从管理作用上看，公共关系职能部门在组织总体中扮演（　　）。

A. 中介的角色　　B. 核心的角色

C. 基础的角色　　D. 无足轻重的角色

9. 廉政建设、社会治安在舆论对象中属于（　　）。

A. 社会事件　　B. 社会问题

C. 社会冲突　　D. 社会运动

10. 态度的外显因素是（　　）。

A. 认知　　B. 情感

C. 意图　　D. 需求

11. 对组织的政策、行为和产品持赞成意向和支持态度的公众对象属于（　　）。

A. 首要公众　　B. 顺意公众

C. 边缘公众　　D. 次要公众

12. 德国社会心理学家库尔特·卢因提出的传播学理论是（　　）。

A. 议题设置论　　B. 把关人理论

C. 两级传播论　　D. “5W”模式理论

13. 影响受传者选择性理解的心理因素不包括（　　）。

A. 态度　　B. 需要

C. 情绪　　D. 意图

14. 认识一个人不仅要“听其言”，还要“观其行”，这体现了非语言传播的（　　）。

A. 传播性　　B. 情境性

C. 可信性　　D. 隐喻性

15. 在公共关系预算的编制方法中，缺乏弹性和计划性的是（　　）。

A. 劳务工时报酬法　　B. 按销售额抽成法

C. 平均发展速度预测法　　D. 项目作业综合法

16. 公共关系活动的先导和核心是（　　）。

A. 公共关系调查　　B. 公共关系策划

C. 公共关系评估　　D. 公共关系实施

17. 适用于组织形象受到损害时的公共关系活动的行为方式是（　　）。

A. 防御型公共关系　　B. 进攻型公共关系

C. 矫正型公共关系　　D. 维系型公共关系

18. 化妆品、服装、摩托车的广告主题选择的表现题材是（　　）。

A. 美感　　B. 时尚

C. 地位　　D. 效能

19. 新闻发布会是一种（　　）。

A. 人际传播　　B. 两级传播

C. 组织传播　　D. 大众传播

20. 对组织起烘托、装饰作用的是（　　）。

A. 环境　　B. 社区

C. 产品　　D. 媒介

二、多项选择题（本大题共10小题，每小题2分，共20分。在每小题列出的五个备选项中至少有两个是符合题目要求的，请将其代码填写在题后的括号内。错选、多选、少选或未选均无分。）

21. 公共关系所收集的信息具有（　　　）。

A. 系统性　　B. 社会性

C. 微观性　　D. 宏观性

E. 局限性

22. 公共关系公司按内部业务可划分为（　　　）。

A. 独立型公司　　B. 合作型公司

C. 专门业务服务公司　　D. 专项业务服务公司

E. 综合服务咨询公司

23. 根据关系的稳定程度，可将公众分为（　　）。

A. 次要公众　　B. 周期公众

C. 临时公众　　D. 稳定公众

E. 首要公众

24. 公共关系策划的原则包括（　　）。

A. 利益性原则　　B. 客观性原则

C. 灵活性原则　　D. 系统性原则

E. 可行性原则

25. 一般而言，受众选择信息会形成心理上的“防卫圈”，这主要包括（　　）。

A. 选择性注意　　B. 选择性遵从

C. 选择性理解　　D. 选择性记忆

E. 选择性控制

26. 影响和改变态度的因素有（　　）。

A. 宣传因素　　B. 社会因素

C. 团体因素　　D. 态度系统特性因素

E. 个性因素

27. 整合营销传播的明显特性是（　　）。

A. 战略的连续性　　B. 战略的导向性

C. 战术的连续性　　D. 战略的持久性

E. 战术的新奇性

28. 庆典活动的策划要以激起广大公众的兴趣为目的，要达到这一目的，需做到（　　）。

A. 奇　　B. 新

C. 特　　D. 生动

E. 真实

29. VIS 的基本要素包括（　　）。

A. 企业标志　　B. 企业名称

C. 招牌　　D. 包装用品

E. 产品

30. 公共关系危机传播的理论模型包括（　　）。

A. 托马斯·伯克兰的焦点事件理论

B. 斯蒂文·芬克的阶段分析理论

C. 威廉·班尼特的战略分析理论

D. 马斯洛的需要层次理论

E. 卓越理论

第Ⅱ部分　非选择题（60 分）

三、简答题（本大题共 6 小题，每小题 5 分，共 30 分。）

31. 简述处理与政府公众关系的艺术有哪些。

32. 简述公共关系与人际关系的区别。

33. 简述影响价值观的因素。

34. 广播的优缺点各有哪些？

35. 公共关系策划在企业经营管理创新中的重要地位和作用表现在哪些方面？

36. 简述广告主题的构成要素。

四、论述题（本大题共2小题，每小题10分，共20分。）

37. 试述组织形象策划的基本特性。

38. 试述全员PR管理的内容。

五、案例分析题（本大题共 1 小题，共 10 分。）

39. 某大型商场特别注重商场的企业文化，具体表现在：①具有鲜明个性的场名、场徽、场服以及场歌。②商场倡导“提高人的群体观念”“把真诚奉献给商场将受到尊重，自私和虚伪将遭唾弃”的企业精神。③创办仪仗队和专业艺术团。④实行半军事化管理。⑤对店堂进行独特的设计和独特的布局。

试分析：以上几点分别属于 CIS 中的哪些组成部分？

全国高等教育自学考试
公共关系学模拟试卷（七）
参考答案

（课程代码　00182）

一、单项选择题

1. B	2. C	3. C	4. A	5. B	6. D	7. B
8. A	9. B	10. C	11. B	12. B	13. D	14. C
15. B	16. B	17. C	18. B	19. B	20. A	

二、多项选择题

21. BD	22. CDE	23. BCD	24. ABCDE	25. ACD
26. ABCDE	27. BC	28. ABC	29. AB	30. ABCD

三、简答题

31. 答：(1) 组织应该主动建立和加强与政府有关部门之间的双向沟通。

(2) 自觉接受政府的控制和指导，自觉承担对国家和社会应尽的责任和义务。

(3) 熟悉政府机构的具体设置、职责分工、负责人员，以保证有效地开展工作。

(4) 以国家利益为重，兼顾组织利益。

32. 答：(1) 从主体上看，公共关系的行为主体是组织，人际关系的行为主体仅是个人。

(2) 从对象上看，公共关系的对象是与组织相关的所有公众及其舆论，而人际关系则包含许多与组织无关的私人关系对象。

(3) 从内容上看，公共关系是一种组织的管理活动与职能，处理的是组织事务和公众事务，而人际关系处理的许多私人事务与公众没有关系。

(4) 从方式上看，公共关系十分强调运用公众传播和大众传播的方式做远距离、大范围的公众沟通，人际关系则比较局限于面对面、一对一的交流方式。

33. 答：（1）个人的成就感、事业心。

（2）过去的成功或失败的经历。

（3）周围环境、生活条件的影响。

（4）对目标的接近程度。

34. 答：优点：（1）迅速及时，时效性强。

（2）超远覆盖，渗透性强。

（3）声情并茂，感染力强。

（4）雅俗皆宜，群众性强。

缺点：（1）稍纵即逝，过耳不留。

（2）顺序收听，选择性差。

（3）形象感不强。

35. 答：公共关系策划在企业经营管理创新中具有重要地位和作用，具体表现在：

（1）公共关系策划是企业高层经营管理者的首要任务。这是因为策划是运用脑力确定经营目标的过程。企业高层经营管理者的具体任务有策划、组织、用人、指导、控制五项，而策划的任务为其之首，被称为全盘性策划。

（2）公共关系策划是企业经营管理决策的依据。

36. 答：广告主题由广告目标、信息个性和消费心理三个要素构成。

（1）广告目标，是根据公司营销决策、广告决策而确定下来的。广告主题要服从和服务于广告目标，一是要有的放矢，二是要讲求效果，三是要与公司的整体广告策略协调一致。

（2）信息个性，是指广告内容所宣传的商品、劳务、公司和观念，要有鲜明的个性，要与其他的商品、劳务、公司和观念明显地相区别，突出自己的特点。

（3）消费心理，即广告目标和信息个性，要符合消费者某一方面的心理需要。

四、论述题

37. 答：组织形象管理策划的目标决定了它不同于其他策划的特性，主要有三个方面：

（1）主观性和客观性的统一。

①主观性。组织形象的形成离不开组织自身的规划和传播，同时也离不开公众的主观认知和评价，从而使形象带有主观性。

②客观性。组织形象的建立具有客观的基础和内涵，并受到社会公众对组织总体评价和要求的客观制约，从而形象又具备客观性。把握主观性和客观性的统一，是围绕组织形象主题进行策划的第一个思维原则。

（2）统一性和差异性的结合。

①统一性。组织形象应该是统一的，讲究整体效果和系列组合，并需要适应公众整体的共同要点。

②差异性。组织形象自身必须有个性特征，对目标公众要有鲜明的针对性。追求统一性和差异性的结合，是围绕组织形象主题进行策划的第二个思维原则。

（3）恒定性和变通性的统一。

①恒定性。组织形象应该是相对稳定的，对公众具有长期、稳定的影响效果。

②变通性。组织形象不会一成不变，会随着主客体和环境的变化而变化，把握恒定性和变通性的统一，是围绕组织形象主题进行策划的第三个思维原则。

38. 答：所谓全员 PR 管理，即通过全员的公共关系教育与培训，增强全员的公共关系意识，提高全员公共关系行为的自觉性，加强整体的公共关系配合与协调，形成浓厚的组织公共关系氛围与公共关系文化。

（1）领导的公共关系意识。一个组织的领导，必须对自己组织的声誉和形象承担直接责任。因此，他应该具备强烈的公共关系意识，关注组织的公共关系状况，在行政管理和经营管理中提出公共关系方面的要求，在实际工作中支持和指导公共关系的工作。

（2）全员的公共关系配合。要将公共关系的经常性工作与全体员工的日常行政、业务、生产工作结合起来。各职能部门和生产单位在自己的工作范围内做决策、定计划时，都应该自觉地配合组织公共关系的目标。公共关系的好坏，也成为对各部门业务工作进行评价考核的一项标准。

（3）组织的公共关系氛围。全员公共关系有赖于在组织内部形成一种浓厚的公共关系风气、公共关系氛围。应该在组织内部普及公共关系教育，使全体干部、职工认识到，一个组织的形象、信誉这种无形资产比有形的资金、设备更为珍贵，更为难得。

总之，公共关系人员优化的群体组合能使有限的公共关系人员综合产生最大限度的群体能量，以使他们所从事的公共关系工作获得最佳的效果，另外，也有助于公共关系人员相互学习、彼此补充、共同提高。

五、案例分析题

39. 答：企业识别系统 CIS 的基本构成包括理念识别系统 MIS、行为识别系统 BIS 和视觉识别系统 VIS 三部分，这三个系统相互依存，共同带动企业经营的步伐，塑造企业独特的形象。其中 MIS 属于思想文化的意识层面，是 CIS 的核心与原动力，本案例中的②即属于 MIS；CIS 中的 BIS 显现为企业内部制度等，所以案例中的③④即属于 BIS；CIS 中的 VIS 是用系统的、统一的视觉符号系统对外传达企业的经营理念与情报信息，案例中的①⑤即属于 VIS。

全国高等教育自学考试
公共关系学模拟试卷（八）

（课程代码　00182）

第Ⅰ部分　选择题（40分）

一、单项选择题（本大题共20小题，每小题1分，共20分。在每小题列出的四个备选项中只有一个是符合题目要求的，请将其代码填写在题后的括号内。错选、多选或未选均无分。）

1. 公共关系部门附属于哪一类部门会贬低公共关系在组织中的地位？（　　）

A. 销售部门　　B. 联络接待部门

C. 广告或宣传部门　　D. 办公室

2. 公共关系人员所应具有的沟通意识实际上也可以说是一种（　　）。

A. 调查意识　　B. 协调意识

C. 环境意识　　D. 信息交流意识

3. 公共关系的根本功能是（　　）。

A. 收集信息　　B. 提供服务

C. 协调沟通　　D. 传播推广

4. 现代公共关系发端于（　　）。

A. 马斯洛时期　　B. 巴纳姆时期

C. 爱德华·伯尼斯时期　　D. 艾维·李时期

5. 论题处理又被称为（　　）。

A. 危机处理　　B. 游说

C. 交际　　　　　　　　　　D. 问题管理

6. 根据公众对组织的态度，公众可划分为（　　）。

A. 临时公众、周期公众和稳定公众

B. 顺意公众、逆意公众和边缘公众

C. 非公众、潜在公众、知晓公众和行动公众

D. 首要公众和次要公众

7. 酒店宾客关系中的贵宾属于（　　）。

A. 首要公众　　　　　　　　B. 目标公众

C. 边缘公众　　　　　　　　D. 个体公众

8. 公共关系人员应遵守的道德规范是（　　）。

A. 团结、严肃、忍耐、大方

B. 公正、正派、真实、保密、对社会负责

C. 负责、守纪、创新、敢为

D. 认真、谦虚、信任、热情

9. 态度“质”的改变是指（　　）。

A. 态度一致性的改变　　　　B. 态度不一致性的改变

C. 态度针对性的改变　　　　D. 态度两极性的改变

10. 在知觉偏见产生的原因中，最近或最后印象的强烈影响被称为（　　）。

A. 首因效应　　　　　　　　B. 近因效应

C. 晕轮效应　　　　　　　　D. 定型作用

11. 提出“两级传播论”的美国社会学家是（　　）。

A. 拉斯韦尔　　　　　　　　B. 麦克卢汉

C. 拉扎斯菲尔德　　　　　　D. 麦库姆斯

12. 在人际交往中，有时候的“此时无声胜有声”体现了非语言传播的哪一特性？（　　）

A. 传播性　　　　　　　　　B. 情境性

C. 隐喻性　　　　　　　　　D. 可信性

13. 以组织需要划定目标公众主要强调的是（　　）。

A. 关联性　　　　　　　　　B. 重要性

C. 可行性　　　　　　　　　D. 影响度

14. 下列公共关系目标，属于按公共关系活动的作用进行分类的是（　　）。

A. 传播信息目标　　B. 特殊目标

C. 引起行为目标　　D. 进攻型目标

15. 适用于组织的开创阶段，以及某项事业或产品服务初创、问世阶段的公共关系行为模式是（　　）。

A. 建设型公共关系　　B. 维系型公共关系

C. 防御型公共关系　　D. 进攻型公共关系

16. 整合营销的最高阶段是（　　）。

A. 形象的整合　　B. 协调的整合

C. 基于消费者的整合　　D. 关系管理的整合

17. 企业广告诉求的基点是（　　）。

A. 潜在消费者　　B. 消费者

C. 产品定位　　D. 产品价格

18. 在倒金字塔的新闻稿中，最重要的部分是（　　）。

A. 新闻事实部分　　B. 新闻背景材料

C. 新闻五要素　　D. 导语部分

19. 制约组织形象个性的是（　　）。

A. 组织的文化形象　　B. 组织的人员形象

C. 组织的媒介形象　　D. 组织的环境形象

20. 公共关系人员旨在使其组织和产品为人所知，但其信息的真实程度不高体现的是（　　）。

A. 新闻代理模型　　B. 公共信息模型

C. 双向对称模型　　D. 双向非对称模型

二、多项选择题（本大题共10小题，每小题2分，共20分。在每小题列出的五个备选项中至少有两个是符合题目要求的，请将其代码填写在题后的括号内。错选、多选、少选或未选均无分。）

21. 公共关系学中三个最基本的概念是（　　）。

A. 公众　　B. 组织

C. 群众　　D. 传播

E. 方式

22. 组织内设公共关系部门的特点是（　　）。

A. 了解内情　　B. 客观公正
C. 效率较高　　D. 成本较低
E. 便于协调

23. 根据组织的价值取向，可将公众划分为（　　）。
A. 被追求的公众　　B. 受欢迎的公众
C. 不受欢迎的公众　　D. 顺意公众
E. 非顺意公众

24. 在马斯洛的需要层次理论中，低级需要包括（　　）。
A. 安全的需要　　B. 生理的需要
C. 社交的需要　　D. 自我实现的需要
E. 尊重的需要

25. 在下列情况中，团体中的个人不易从众的有（　　）。
A. 重视人际关系　　B. 重视组织原则
C. 整体观念不强　　D. 在团体中的地位高
E. 情绪稳定

26. 电视的主要缺点有（　　）。
A. 形象感不强　　B. 反映的不可再现性
C. 反映信息的表面性　　D. 感染力较差
E. 费用较高

27. 公共关系策划的方法包括（　　）。
A. 创意策划法　　B. 目标综合法
C. 个人判断策划法　　D. 集团头脑风暴法
E. 专家策划法

28. 挑战者为其竞争对手重新定位的策略具有的特点是（　　）。
A. 排他性　　B. 否定性
C. 强制性　　D. 突然性
E. 创新性

29. CIS 开发的作业程序大体上可分为（　　）。
A. 组织实态调查阶段　　B. 组织选择研究阶段
C. 设计开发阶段　　D. 实施管理阶段
E. 评估效果阶段

30. 米特罗夫将危机管理分为（　　　　）。

A. 探测和预防　　　　B. 信号侦测

C. 控制损害　　　　D. 学习阶段

E. 恢复阶段

第Ⅱ部分　非选择题（60分）

三、简答题（本大题共6小题，每小题5分，共30分。）

31. 在公共关系公司中，聘请公共关系顾问应注意哪些问题？

32. 简述公共关系的基本要素。

33. 搞好名流关系必须注意哪些？

34. 舆论的作用有哪些?

35. 简述媒体组合的优点。

36. 举办展览会的准备阶段应做好哪些工作?

四、论述题（本大题共 2 小题，每小题 10 分，共 20 分。）

37. 试述 CIS 的基本构成。

38. 公共关系所收集的与组织形象有关的信息有哪些？

五、案例分析题（10分）

39. 全国劳动模范、甘肃兰州汽车运输公司张军榜驾驶一台解放牌底盘改装汽车，行驶110万千米无大修，这台车的生产厂家——长春第一汽车制造厂得知后，邀请张军榜驾驶这台车回一趟“娘家”。张军榜驾驶这台车，途经六省一市，总行程为3 000千米，于1984年3月赶到长春，受到长春第一汽车厂的热烈欢迎。汽车厂向其颁发了模范用户证书，并将一台CA141五吨新型解放牌汽车送给他使用。此事成了一大新闻，在《羊城晚报》和吉林省几家报纸上都刊登出来了。人们都夸赞解放牌汽车质量好，也夸长春第一汽车制造厂对用户好。

问：长春第一汽车制造厂的此种行为是一种什么样的行为？为什么？

全国高等教育自学考试
公共关系学模拟试卷（八）
参考答案

（课程代码　00182）

一、单项选择题

1. B	2. D	3. C	4. B	5. D	6. B	7. A
8. B	9. B	10. B	11. C	12. A	13. D	14. D
15. A	16. D	17. C	18. D	19. A	20. A	

二、多项选择题

21. ABD	22. ACDE	23. ABC	24. AB	25. CDE
26. BCE	27. ACDE	28. BCD	29. ACD	30. ABCDE

三、简答题

31. 答：聘请公共关系顾问要注意以下几个问题：

（1）选择有专业水准及良好品德的顾问。

（2）信任顾问，为其提供真实准确的资料。

（3）与顾问保持良好的沟通与合作，定期邀请顾问出席情况分析会和决策会议。

（4）尊重顾问的判断意见，虚心听取意见，对意见不予采纳要做出详细说明。

（5）以预防为主，不要出事了才急忙聘顾问。

（6）聘请顾问应相对稳定，因为双方的合作默契需要一个磨合期。

32. 答：（1）公共关系的行为主体是组织机构。

（2）公共关系的沟通对象是相关公众。

（3）公共关系的工作手段是传播沟通媒介。

（4）公共关系的过程是信息的双向交流。

（5）公共关系的目标是为组织机构树立良好的公众形象。

33. 答：搞好名流关系必须注意：

（1）坚持互利互惠原则。

（2）注意把握交往时机。

（3）加强公共关系人员的文化修养。

34. 答：舆论是公众的意见，它是一种巨大的精神力量，其作用有以下三个方面：

（1）舆论的制约与监督作用。

（2）舆论的鼓动作用。

（3）舆论的指导作用。

35. 答：媒体组合的优点可概述如下：

（1）它实现了信息的多层次化。

（2）它能使信息集中传播。

（3）它可带来冲击力的乘积效果。

（4）它可实现最大的到达率与到达次数。

36. 答：（1）先要搞清楚展览会的目的、主题和类型。

（2）充分做好本企业展台传播内容的准备工作。

（3）邀请参观者，要采用不同方式发出请柬，并同时告知展览会的主题、类型、要求、时间、地点等。

（4）要向新闻机构采取合适的形式发布消息，提供充足的新闻稿和资料，通过广播、电视的宣传在展览会开始之前充分做好宣传，吸引更多的参观者。

（5）准备好业务洽谈处、组织好工作人员等。

（6）对展览会的各项费用，要仔细预算，并报上级有关部门批准。

四、论述题

37. 答：（1）组织识别系统（CIS）由三个子系统构成即理念识别系统（MIS）、行为识别系统（EIS）、视觉识别系统（VIS）。

（2）理念识别系统（MIS）是组织识别系统的核心与原动力，属于思想文化的意识层面，经营理念是由内向外扩散，经由这种内蕴动力的贯彻，最后达成认知识别的目的，塑造独特的企业形象。MIS 是组织经营战略、生产、市场等环节的总的原则、方针、制度、规划、法规的统一规范。在设计层面上，MIS 具体表现为组织的经营信条、精神标语、座右铭等。

（3）行为识别系统（BIS）是以明确而完善的经营理念为核心。显现组织内部的制度，管理、教育等行为，并扩散回馈社会的公益活动、公共关系等动态识别形式。

（4）视觉识别系统（VIS）是运用系统的、统一的视觉符号系统，对外传达组织的经营理念与情报信息，是组织识别系统中最具传播力与感染力的要素，它接触的层面最广泛，可快速而准确地达到认知与识别的目的。VIS 的基本要素包括组织名称、组织标志、组织标准字体、组织标准色、组织象征图案等。应用要素包括事物用品、办公用具等。

38. 答：公共关系首先要注意收集与本组织的形象评价有关的各种信息，这些信息涉及公众对组织的政策、产品、行为等方面的印象、看法和态度。

（1）产品形象信息。产品形象是组织形象的客观基础。产品形象从产品的各方面体现出来，它包括产品的质量、性能、品种、款式、价格、包装等，其中产品质量是影响组织形象的关键因素。产品是组织与消费公众之间发生关系的最根本原因，产品形象与社会组织生存命运直接相关。因此，公共关系必须优先注意这一方面信息的采集。

（2）组织形象信息。组织的整体形象，还反映在公众对组织其他要素的评价。这些要素主要包括：

①公众对组织机构的评价。组织内部及外部公众在与组织发生联系后，自然会对组织管理机构有一定的看法。

②公众对组织管理水平的评价。公众对这方面评价主要有：经营方针是否正确；组织的发展目标是否合理；市场预测是否准确；用人是否得当等。公众对这些方面的评价反映出他们对组织的信心。

③公众对组织人员素质的评价。公众对组织各类人员的评价内容包括基本素质、工作能力、观念意识、人际关系、服务态度等。

④公众对组织服务素质的评价，包括服务质量、服务内容、服务形式、服务技术、服务设施、服务范围、服务时间、服务效率、服务态度等，其中很重要的是对客户的服务承诺及承诺的兑现。

五、案例分析题

39. 长春第一汽车制造厂的这种行为是在做公共关系广告。因为该种广告的目的不是推销产品、服务，而是“推销”整个组织的形象，让公众知道自己、信任自己，这种传播方式是双向型的，而且这种广告着眼于建立并维系与公众之间情感联系的传播行为，引起的是公众对组织的兴趣日益浓厚，形成某种感情联系。

全国高等教育自学考试
公共关系学模拟试卷（九）

（课程代码　00182）

第Ⅰ部分　选择题（40分）

一、单项选择题（本大题共20小题，每小题1分，共20分。在每小题列出的四个备选项中只有一个是符合题目要求的，请将其代码填写在题后的括号内。错选、多选或未选均无分。）

1. 中国国际公共关系协会成立于（　　）。

A. 1983年　　B. 1985年

C. 1987年　　D. 1991年

2. 公共关系作为一种职业和学科，最早产生于（　　）。

A. 美国　　B. 英国

C. 葡萄牙　　D. 法国

3. 在下列选项中，属于按经营方式划分的公共关系公司的是（　　）。

A. 合作型公司　　B. 综合服务咨询公司

C. 专门业务服务公司　　D. 专项业务服务公司

4. 组织内设公共关系部门的特点是（　　）。

A. 不便于协调　　B. 运作的成本较高

C. 效率较低　　D. 易受组织内部主观因素的束缚

5. 公共关系人员应具备的公共关系意识中，其核心意识是（　　）。

A. 形象意识　　B. 沟通意识

C. 服务意识　　D. 创新意识

6. 在组织中，主要负责收集信息、预测公众动向及社会发展趋势等任务的公共关系人员是（　　）。

A. 调查分析人员　　B. 计划人员

C. 文秘人员　　D. 传播人员

7. 主体作用于态度对象的行为准备状态是（　　）。

A. 认知　　B. 情感

C. 意图　　D. 思维

8. 公共关系部门被称为是一个“智囊机构”，这主要突出了公共关系的（　　）。

A. 收集信息功能　　B. 辅助决策功能

C. 沟通协调功能　　D. 传播推广功能

9. 在公共关系中，对组织持中间态度，观点和意向不明朗的公众对象是（　　）。

A. 顺意公众　　B. 逆意公众

C. 边缘公众　　D. 目标公众

10. 道德规范、社会舆论、风俗习惯，属于影响和改变态度因素中的（　　）。

A. 宣传因素　　B. 团体因素

C. 社会因素　　D. 个性因素

11. “比较性广告”所运用的定位策略是（　　）。

A. 市场领导者定位策略

B. 市场跟进者定位策略

C. 市场模仿者定位策略

D. 市场挑战者为其竞争对手重新定位策略

12. 一个组织被公众知晓、了解的程度，是该组织的（　　）。

A. 信誉度　　B. 美誉度

C. 知名度　　D. 可信度

13. 策划新闻成功的关键在于（　　）。

A. 主题的适宜　　B. 适时

C. 新闻题材的价值　　D. 创新

14 在下列公共关系活动方式中，运用最多、最广泛的是（　　）。

A. 宣传型公共关系　　B. 交际型公共关系

C. 服务型公共关系　　　　　　C. 征询型公共关系

15. 组织标志在视觉传达中的基本功能是（　　）。

A. 延伸性　　　　　　B. 领导性

C. 识别性　　　　　　D. 同一性

16. 情调，风格是（　　）。

A. 文化形象的内涵　　　　　　B. 文化形象的外显

C. 标识形象的内涵　　　　　　D. 标识形象的外显

17. 一个组织的形象蓝图最终来源于（　　）。

A. 决策阶层　　　　　　B. 管理阶层

C. 公众阶层　　　　　　D. 员工阶层

18. 建立在“个人或组织最重要的资产是它的声誉”的假设之上的理论是（　　）。

A. 阶段分析理论　　　　　　B. 形象修复理论

C. 焦点事件理论　　　　　　D. 卓越理论

19. 美国报界掀起“便士报”运动的时间是（　　）。

A. 20 世纪 20 年代　　　　　　B. 19 世纪 80 年代

C. 19 世纪 30 年代　　　　　　D. 19 世纪 20 年代

20. 公共关系专著《有效的公共关系》在美国被誉为“公共关系的圣经”，其作者是（　　）。

A. 艾维 · 李　　　　　　B. 卡特利普和森特

C. 巴纳姆　　　　　　D. 爱德华 · 伯尼斯

二、多项选择题（本大题共 10 小题，每小题 2 分，共 20 分。在每小题列出的五个备选项中至少有两个是符合题目要求的，请将其代码填写在题后的括号内。错选、多选、少选或未选均无分。）

21. 公共关系观念主要包括（　　）。

A. 公众观念　　　　　　B. 形象观念

C. 传播观念　　　　　　D. 服务观念

E. 互惠观念

22. 大中型公共关系公司一般由哪几部分组成？（　　）

A. 宣传部门　　　　　　B. 规划审计部门

C. 行政部门　　D. 国际和地区部门

E. 专业技术部门

23. 在马斯洛的需要层次理论中，高级需要是指（　　）。

A. 牛理的需要　　B. 安全的需要

C. 社交的需要　　D. 尊重的需要

E. 自我实现的需要

24. 下列公众类型中，属于按同一标准划分的是（　　）。

A. 内部公众　　B. 首要公众

C. 稳定公众　　D. 非公众

E. 潜在公众

25. 根据表现的热情程度和持续时间的长短，流行可以分为（　　）。

A. 舆论　　B. 流言

C. 时髦　　D. 时狂

E. 盲从

26. 针对不同的组织环境和组织公共关系具体状态，可采取不同的公共关系行为方式，包括（　　）。

A. 建设型公共关系　　B. 维系型公共关系

C. 防御型公共关系　　D. 进攻型公共关系

E. 矫正型公共关系

27. 公共关系传播模式与理论主要有（　　）。

A. “5W”模式　　B. 把关人理论

C. 两级传播模式　　D. 受众选择“3S”论

E. 议题设置论

28. 公共关系危机传播过程涉及的变量因素包括（　　）。

A. 传者　　B. 危机新闻中心

C. 媒介　　D. 受传者

E. 公众

29. 组织的人员形象的外显包括（　　）。

A. 素质　　B. 能力

C. 作风　　D. 仪表

E. 态度

30. 新闻发布会的工作环节包括（　　　　）。

A. 确定主题　　B. 邀请记者

C. 会前准备　　D. 主持会议

E. 收集反馈信息

第Ⅱ部分　非选择题（60分）

三、简答题（本大题共6小题，每小题5分，共30分。）

31. 简述公共关系公司的经营范围。

32. 简述公共关系传播推广功能的主要表现。

33. 建立和谐的社区关系，需要做好哪些工作？

34. 简述舆论主体的特点。

35. 在公共关系策划中，为何要首先考虑公众的利益？

36. 简述产品定位的含义及其策略。

四、论述题（本大题共 2 小题，每小题 10 分，共 20 分。）

37. 试述组织形象构成的各个方面及其在组织形象中的地位。

38. 试述公共关系一般人员及其日常工作。

五、案例分析题（本大题共 1 小题，共 10 分）

塞勒菲尔德事件

英国塞勒菲尔德核反应厂发生的泄漏事故对公司造成了很大的破坏，尽管事故没有对工厂的工人和周围的公众造成放射性危害，但至少损坏了该工厂经营者——英国核燃料公司的声誉。从人员伤害的意义上讲，事故的损失是很小的，但事故引起了社会的广泛关注。英国核燃料公司所做的糟糕的传播工作导致了社会公众对核安全的不安情绪。

1986 年 2 月 5 日，塞勒菲尔德核反应厂发生了一次非常严重的事故，液态钚储藏罐的压缩空气受到重压，一些雾状钚从储藏罐中泄漏了出来。工厂多年以来第一次亮起了琥珀色的警报，大约 30 名非必要人员撤离了危险区，当时只留下了 40 人来处理泄漏事故，以维护工厂其他部分的安全。

英国核燃料公司在宣布泄漏事故时，暴露了公司危机状态下的困境。一方面它向公众表示，要最大可能地让公众了解事实真相，另一方面又每天像挤牙膏一样一点一点地报出消息，这便加剧了人们的恐惧。

泄漏事故发生在上午 10:45~11:45。毫无疑问，媒介很快就报道了所发生的事故，因为从工厂蜂拥出来的工人和琥珀色的警报，人们一眼就能看出工厂出了问题，事故的消息随后就传开了。工厂所犯的第一个错误是，在英国广播公司的电视记者詹姆斯·威尔金森中午给工厂打电话时，工厂的新闻办公室还没有人做好发布事故消息的准备，公众们所得到的回答只是些站不住脚的许愿，媒介的记者一直提心吊胆地等待着。

工厂所犯的第二个错误是，厂里没有发布足够的新闻来应付外界打来的询问电话。记者们发现他们要排队等候，于是不确定的因素滋生了人们的不安情绪，英伦三岛为此也十分焦虑。

第三个错误则是英国核燃料公司的新闻办公室在正常的工作时间停止办公。詹姆斯·威尔金森说，当探听消息的人在晚间给公司打去电话时，电话总机告之，请留下电话号码，等新闻发布人上班后再回电。

最后英国核燃料公司不得不开始收集有关信息。他们花费200万英镑进行广告宣传活动，邀请公众参观塞勒菲尔德展览中心。这种开放政策是通过一年来对公众看待核工业态度的调查研究所产生的结果，调查表明：对外封闭的核工业，不但会失去公众支持，而且容易引起公众恐慌。

（1）英国核燃料公司在危机到来之时违背了公共关系危机管理的哪些原则？

（2）面对这样的危机事件，企业应该怎样处理才更合适？

全国高等教育自学考试
公共关系学模拟试卷（九）
参考答案

（课程代码　00182）

一、单项选择题

1. D　2. A　3. A　4. D　5. A　6. A　7. C
8. B　9. C　10. C　11. D　12. C　13. D　14. B
15. C　16. C　17. A　18. B　19. C　20. B

二、多项选择题

21. ABCDE　22. BCDE　23. DE　24. DE　25. CD
26. ABCDE　27. ABCDE　28. ABCDE　29. CD　30. ABCDE

三、简答题

31. 答：公共关系公司的经营范围包括：
（1）咨询诊断。
（2）联络沟通。
（3）收集信息。
（4）新闻代理。
（5）广告代理。
（6）推介产品。
（7）会议服务。
（8）策划活动。
（9）礼宾服务。
（10）印刷制作。
（11）音像制作。
（12）培训服务。

32. 答：（1）创造舆论，告知公众。

（2）强化舆论，扩大影响。

（3）引导舆论，控制形象。

33. 答：建立和谐的社区关系，需做好以下几方面工作：

（1）加强传播，沟通信息，增进了解。

（2）关心并支持社区建设。

（3）参加并资助各项社会公益活动。

34. 答：舆论主体具有以下特点：

（1）有共同话题。

（2）参与议论过程。

（3）具有自发性与松散性。

（4）有一定的层序性。

35. 答：在公共关系策划中首先要考虑的应当是公众的利益。这是因为：

（1）利益可以刺激公众、激发公众，使公众萌发欲望冲动，形成利益关心和利益认识，继而产生对一定利益目标的持续。

（2）利益是刺激公众产生思想动机的动力，人们为了追求利益而产生竞争。这种利益竞争是社会发展的动力，自然也为策划的产生和发展提供了条件。

36. 答：产品定位，就是在潜在消费者的心目中为自己的产品设置一个特定的位置，这个位置只为这个的产品所独占而其他同类产品则不可能拥有。产品定位的策略大致分为以下三种类型：

（1）市场领导者的定位策略。

（2）市场跟进者的定位策略。

（3）市场挑战者为其竞争对于重新定位的策略。

四、论述题

37. 答：就组织形象的共性而言，组织形象的构成大致包括以下八个方面：

（1）组织的产品形象。组织的产品形象即公众对组织的产品所形成的认知和评价。产品是组织形象的物质载体，是公众对组织进行认知与判断的主要依据，通过产品体现出来的组织形象最为直观，公众直接通过产品了解一个组织，组织也直接运用产品去争取公众，产品形象是整个组织形象的客观基础。

（2）组织的管理形象。组织的管理形象即公众对组织的管理行为所形成的认知和评价。通过组织的管理行为展现的形象是全面的、整体的，包括组织的管理体制、方针政策、规章制度、办事程序、工作效率、服务态度等，综合地反映着一个组织的管理形象。

(3) 组织的人员形象。组织的人员形象即公众对组织的人员所形成的认知和评价。组织的人员是最活跃的形象载体，通过组织成员所展现出来的组织形象包括人员的品行、素质、作风等。组织领导人的形象、管理群体的形象、全体员工的形象，都是组织形象的缩影和化身。

(4) 组织的环境形象。组织的环境形象即公众对组织的内外环境所形成的认知和评价。环境对组织起烘托、装饰的作用，通过组织内部及外部环境设施所展现的形象，属于组织形象的“硬件”之一，是构成现代办公文明、生产文明、工程文明、商业文明的一部分。

(5) 组织的文化形象。组织的文化形象即公众对组织的特定文化所形成的认知和评价。通过组织文化系列要素展现出来的形象构成组织形象的“软件”部分。组织的特定文化制约着组织形象的“硬件”之一，标志着组织形象的特定风格。

(6) 组织的社区形象。组织的社区形象即公众对组织的社区活动形成的认知和评价。组织的社区形象是一种睦邻形象、地方形象、左邻右舍的形象。社区是组织生存和发展的根基，与组织在空间上紧密地联系在一起，组织的各种社会关系是通过社区形成和延伸的，组织的社会形象首先表现为社区的认知程度和评价状况。

(7) 组织的标识形象。组织的标识形象即公众对组织的标识所形成的认知和评价。标识本身就是组织形象的标志，能够帮助公众识别和记忆组织的形象。通过标志和识别系统所展现的组织形象，包括组织的名称、产品的品牌、商标或徽记、广告代言人、宣传的主题词和典型音乐等。

(8) 组织的媒介形象。组织的媒介形象即公众对组织在大众媒介上有关的宣传报道所形成的认知和评价。在现代信息社会和大众传播时代，人们对外界的认知和判断越来越依靠各种传媒，大众媒介是广大公众认知一个组织的重要渠道，通过电视、广播、报纸、杂志以及因特网上的宣传、广告，公众能够了解到某一组织的政策、行为、产品、人物或事件等，从而形成关于某组织的认知和评价。也就是说，公众对组织的认知与评价，很大程度受媒介宣传的引导，媒介宣传的概貌影响和制约着组织的社会形象。

38. 答：公共关系一般人员是指在组织内部公共关系机构中工作的各类人员。

其分类和日常工作有：

（1）调查分析人员。其主要任务是收集信息、预测公众动向和社会发展趋势，评估组织的形象和公共关系的工作效果，并寻找其形成的原因。

（2）计划人员。其主要任务是根据分析人员提供的资料，提出公共关系活动的目标、计划和方案，设计公共关系的项目。

（3）传播人员。其主要任务是按照既定的公共关系目标、计划和方案去开展、管理公共传播活动。

（4）文秘人员。其主要任务是撰写新闻稿、演讲稿、广告文稿、宣传手册、报刊文章、计划书和报告书、简报与通告、来往信函、起草文件等。

（5）专门技术人员。这主要是指财务人员、美工人员、摄影摄像人员、微机技术人员等。此外，公共关系人员还应做好设计与创作传播资料、宣传游说、与新闻界联系、演讲与主持、同公众联络交往等方面的工作。

五、案例分析题

答：（1）违背了及时性原则、主动性原则、真实性原则、公开性原则和公众至上原则。

（2）英国核燃料公司应按以下步骤进行公关工作：

第一步，一方面应立即向新闻媒介将事件的发生经过、造成的后果进行全面通报，可通过新闻发布会的形式，或公开接受新闻记者采访的形式；另一方面要立即成立调查小组，全面调查事件发生的原因、详细的经过及后果。

第二步，成立新闻接待站，全天24小时处理相关事件，随时接待记者的采访（当面采访或电话采访）。

第三步，将调查结果通过新闻发布会的形式公布于众，不掩盖事实真相，正面回答记者提出的各种问题。

第四步，组成事故工作办公室，全面处理事件中的各种问题，并把处理的方法、手段、结果公之于众。

第五步，对社会公众公开核反应厂，接待社会公众的参观、质问等，提高企业的透明度。

全国高等教育自学考试
公共关系学模拟试卷（十）

（课程代码　00182）

第Ⅰ部分　选择题（40分）

一、单项选择题（本大题共20小题，每小题1分，共20分。在每小题列出的四个备选项中只有一个是符合题目要求的，请将其代码填写在题后的括号内。错选、多选或未选均无分。）

1. 1923年出版的被称为公共关系理论发展史的“第一个里程碑”的专著是（　　）。

A.《公众舆论的形成》　　B.《有效的公共关系》

C.《公共关系学》　　D.《舆论》

2. 评估公共关系活动成效的依据是（　　）。

A. 人际关系的变化情况　　B. 公共关系状态的变化情况

C. 人群关系的变化情况　　D. 公共关系观念情况

3. 中国公共关系协会成立的时间和地点是（　　）。

A. 1985年在广州　　B. 1986年在上海

C. 1987年在北京　　D. 1988年在天津

4. 在公共关系学中，组织的总体特征和实际表现在社会公众中获得的认知和评价，称为（　　）。

A. 舆论　　B. 关系

C. 形象　　D. 观念

5. 对于新的构想持十分慎重的态度，直至占压倒多数的人都采用时才加以采用的是（　　）。

A. 落伍者　　B. 后期追随者

C. 早期采用者　　D. 前期采用者

6. 公共关系部门附属哪一类部门容易忽视公共关系在经营管理方面的作用（　　）。

A. 联络接待部门　　B. 办公室

C. 宣传部门　　D. 销售部门

7. 人生观的核心是（　　）。

A. 态度　　B. 需要

C. 兴趣　　D. 价值观

8. 在公共关系人员的素质结构中，其核心要素是（　　）。

A. 公共关系能力　　B. 公共关系意识

C. 公共关系专业知识　　D. 公共关系职业心理

9. 在下列流言类型中，具有制造分裂作用的是（　　）。

A. 愿望流言　　B. 恐怖流言

C. 攻击流言　　D. 喜悦流言

10. 公众可以根据不同的标准做不同的区分，以下公众中，属于按关系的稳定程度进行区分的是（　　）。

A. 外部公众　　B. 内部公众

C. 潜在公众　　D. 周期公众

11. 新闻稿的灵魂是（　　）。

A. 标题　　B. 导语

C. 主体　　D. 结语

12. 时间跨度在 5 年或 5 年以上的目标类型是（　　）。

A. 长期目标　　B. 近期目标

C. 战略目标　　D. 战术目标

13. 直觉思维最常用的形式是（　　）。

A. 形象思维　　B. 理论思维

C. 联想思维　　D. 创新思维

14. “运筹帷幄之中，决胜千里之外”体现了公共关系策划的（　　）。

A. 目标性　　B. 思想性

C. 创造性　　D. 灵活性

15. 使用非广告的传播形式提示消费者进行广告回忆，以提高消费者对广告信息的记忆质量的整合营销传播方法是（　　）。

A. 同一外观法　　B. 主题线方法

C. 特设会议的方法　　D. 供应面的策划方法

16. 市场跟进者的定位思想是（　　）。

A. 先入为主　　B. 寻找空隙

C. 挑战对手　　D. 喧宾夺主

17. 为组织形象管理目标定位和策划提供客观依据的是（　　）。

A. 组织实态的调查分析　　B. 员工阶层的调查研究

C. 管理阶层的调查分析　　D. 决策阶层的研究分析

18. 通过报纸杂志等进行信息公布属于（　　）。

A. 新闻代理模型　　B. 公共信息模型

C. 双向非对称模型　　D. 双向对称模型

19. 价值观念、职业道德是（　　）。

A. 人员形象的内涵　　B. 人员形象的外显

C. 文化形象的内涵　　D. 文化形象的外显

20. 较为稳定的、安全的组织形象管理状态是（　　）。

A. 高知名度/高美誉度　　B. 高美誉度/低知名度

C. 低美誉度/高知名度　　D. 低知名度/低美誉度

二、多项选择题（本大题共10小题，每小题2分，共20分。在每小题列出的五个备选项中至少有两个是符合题目要求的，请将其代码填写在题后的括号内。错选、多选、少选或未选均无分。）

21. 组织是公共关系的（　　）。

A. 承担者　　B. 客体

C. 主体　　D. 行为者

E. 实施者

22. 危机处理包括两个方面的含义，它们是（　　）。

A. 处理公共关系危机

B. 公共关系开发

C. 用公共关系的策略和方法来处理危机

D. 论题处理

E. 公共关系游说

23. 拉斯韦尔的“5W”模式将传播学的研究内容分为（　　）。

A. 控制分析　　B. 内容分析

C. 媒介分析　　D. 对象分析

E. 效果分析

24. 根据公众发展过程的不同阶段，可将公众分为（　　）。

A. 非公众　　B. 受欢迎公众

C. 潜在公众　　D. 知晓公众

E. 行动公众

25. 个性心理特征包括（　　）。

A. 能力　　B. 兴趣

C. 气质　　D. 信念

E. 性格

26. 公共关系协会的主要活动内容有（　　）。

A. 普及知识　　B. 专业培训

C. 联络会员　　D. 编辑出版刊物

E. 规范本行业的职业道德和行为准则

27. 根据公共关系工作的业务类型，可将公共关系活动划分为（　　）。

A. 宣传型公共关系　　B. 交际型公共关系

C. 服务型公共关系　　D. 建设型公共关系

E. 维系型公共关系

28. 海外广告的发展所经历的时期有（　　）。

A. 广告分离期　　B. 全面服务分离期

C. 全面服务期　　D. 传播分离期

E. 整合传播期

29. 组织 CIS 手册所包括的内容有（　　）。

A. 基本要素　　B. 总论

C. 基本要素组合系统　　D. 应用要素

E. 标志、标准字印刷样本及标准色色样

30. 危机传播具有的特点是（　　　　）。

A. 实践性　　　　B. 系统性

C. 综合性　　　　D. 动态性

E. 跨学科性

第Ⅱ部分　非选择题（60 分）

三、简答题（本大题共 6 小题，每小题 5 分，共 30 分。）

31. 简述处理与顾客公众关系的艺术。

32. 简述公共关系领导人员及其日常工作。

33. 如何及时制止流言的产生与传播？

34. 简述杂志的优缺点。

35. 简述广告的含义及广告活动的构成要素。

36. 组织的自我形象分析包括哪些方面?

四、论述题（本大题共2小题，每小题10分，共20分。）

37. 试述公共关系的特征。

38. 试述影响心理抗拒的因素。

五、案例分析题（10 分）

朝日公司通过 CIS 重建企业雄风

在日本啤酒市场上，有朝日、麒麟、札幌三大巨头。在 1949 年，朝日啤酒拥有 36%的市场占有率，比麒麟啤酒的 26%要高得多，到了 1968 年，朝日公司推出“没有苦味”的啤酒，结果遭到惨败，到了 1985 年，朝日啤酒的市场占有率更是惨跌到 10%左右，公司经营正处于危机状况。

新上任的村井勉社长决心以 CIS 运动，更新企业理念，改造企业文化，重塑企业形象。村井将创造新的经营理念的工作委托给由 15 人组成的部长会。而后部长会在收集公司内外情报的基础上，确定了“消费者导向，尊重人性”的新的经营理念。为了在各部门推广这一新理念，朝日公司以课长为中心，设置了公司 CIS 推行委员会。CIS 委员会经过调查研究指出，当前公司存在的主要问题是形象差、经营理念无法渗透、与社会的沟通不足等。为了解决这些问题，又举办全面质量管理（TQC）等训练活动，让课长级以上人员参加集训，而后再提议设置部门 CIS 推行委员会，这些部门委员会以七八人为一组，分为沟通小组、品牌小组、视觉小组三种，贯彻想法的改革。另外，CIS 推行委员会还提出建议开发新味道的啤酒。

公司 CIS 推行委员会以消费者导向为企业目标，推行 Live People（有活力的人）运动、新标识制定、新味道与新品牌的啤酒开发等改革。在 1985 年啤酒口味调查的基础上，了解到兼具味道浓厚与清爽顺口两者的啤酒较受欢迎，于是在 1987 年推出新的啤酒“Super Dry”，结果获得极大成功。

公司 CIS 推行委员会除了建议变更公司的标识、设计品牌，同时也在人事、财务、营销等领域提出新的变革方案，如举办全公司员工试饮会等。

导入 CIS 后，朝日啤酒重显活泼生机，企业员工也一改原来的“毫无生气，夹着尾巴的丧家犬”灰色形象，展现出自信、追求卓越的精神面貌。

（1）请就此案例谈一谈日本式 CIS 作业流程包括哪些阶段。

（2）案例中各阶段的具体内容主要有哪些？

全国高等教育自学考试
公共关系学模拟试卷（十）
参考答案

（课程代码　00182）

一、单项选择题

1. A	2. B	3. C	4. C	5. B	6. C	7. D
8. B	9. C	10. D	11. B	12. A	13. C	14. B
15. B	16. B	17. A	18. B	19. C	20. B	

二、多项选择题

21. ACDE	22. AC	23. ABCDE	24. ACDE	25. ACE
26. ABCDE	27. ABC	28. ACDE	29. ABCDE	30. ACE

三、简答题

31. 答：（1）树立为公众服务的思想，确立“顾客就是上帝”观念。

（2）适应顾客公众的需要，不断创新，提供优质产品。

（3）想顾客公众所想，急顾客公众所急，为顾客公众提供一流的服务。

（4）妥善处理与顾客间的纠纷。

32. 答：公共关系领导人员是指公共关系部门的经理、主任及负责人，是公共关系机构的领导者和管理者。他们的日常工作为：

（1）确定工作目标，制订工作计划。

（2）对人力、经费、设备、时间加以预算和分配。

（3）领导全体公共关系人员开展工作。

（4）内调外联，协调各方关系。

除了处理上述四项工作外，还有一些特殊的工作：

（1）出席组织最高领导层的工作会议，参与组织最高层的决策活动。

（2）充当组织的发言人，主持由组织主办的新闻发布会，负责向社会各界人

士解释说明组织的有关政策和行为。

（3）充当组织的外交代表，出席主持各种社交活动，在本组织与其他组织或公众的交往活动发生重大问题时，亲自到现场处理解决。

33. 答：（1）建立流言研究机构。

（2）及时制止各类流言，通过调查访问，向人们提供确切的消息，就可以彻底制止流言的流传。此外，在紧急情况下必须有针对性地及时制止流言。

34. 答：优点：（1）针对性强。

（2）信息的覆盖与更替周期长。

（3）印刷精良，装帧较好，更具保存价值。

缺点：（1）缺乏灵活性与时效性。

（2）阅读范围具有局限性。

（3）感染力较差。

35. 答：广告是由特定的广告主通过付费的方式，运用说服的技巧，通过各种传播媒介对产品、服务或观念等信息的非个人的介绍及推广。对一项具体的广告活动来讲，其主要构成要素有广告主、广告代理商、广告信息、广告媒介、广告受众等。

36. 答：组织的自我形象分析包括以下几个方面：

（1）组织实态的调查分析。（2）员工阶层的调查研究。

（3）管理阶层的调查分析。（4）决策阶层的研究分析。

四、论述题

37. 答：公共关系的特征是：

（1）公共关系是一个完整的职能，目的在于增进公司利益和达成其他整体的目标。

（2）公共关系并不制定政策，但是可以帮助管理当局表达公司的政策。

（3）对于受公司措施影响的人们，公共关系人员要注意这个措施对他们的影响和可能的反应，因此，重大的措施虽然表面上与公共关系无关，但实际上要先向公共关系部门咨询。

（4）行动比空言有力，所有信誉都建立在行动而非语言文字之上，但如果要让他人知悉并了解公司的行动，就得借助于语言文字。

（5）公共关系虽然是管理部门的职责，却仍然有其明确的责任范围，如果要实行这种责任，就必须配备适当的人员并给予财务支持，其所担负的任务也必须限于公司公共关系范围以内的工作。

（6）公共关系人人有责，公共关系部门的最终目标是使所有人都了解传播对于良好的管理是必要而不可分割的。

（7）关于公司的形象是相对的，要依据某种公众对于公司的具体要求和兴趣而定。

（8）人们经常根据不完全的证据形成对公司的印象。因此，公共关系人员应尽力注意这些影响，为公司争取良好的印象。

（9）因为公司是在舆论所形成的环境下营运发展的，因此对任何人士所具有的访问权力均应尊重。

（10）人们通常对于了解最少的事物感到厌恶、恐惧或猜疑，如果不提出理由并加以解释，人们就会自行想象，因此不要吝惜向公众透露、传播资料信息。

（11）不可歪曲及夸大事实，公共关系的主旨在于陈述事实，以便他人能对公司进行公平评估，引起公众兴趣，进而对他们产生影响。

（12）少做做得好，比多做做不好要强。

（13）在观念的领域中，要引起特别的注意，其间竞争非常激烈，公共关系的一项基本任务就是要引起别人对公司的好感和兴趣。

（14）公共关系艺术成分多于科学成分，这种艺术一定要以社会科学的崭新知识为基础，对于公众对象的组成及态度要做科学的评估，对于公司本身要有透彻地认识。

38. 答：心理抗拒的强弱是由以下四个因素决定的：

（1）对自由的期望。人们对自由的期望越高，则当自由被剥夺时，其心理抗拒力量也越大。

（2）对自由剥夺的威胁。当个人的某种自由行为并未被剥夺，只是有可能被剥夺，即这种自由只是受到威胁时，人们也会产生心理抗拒且企图使自己保持这种自由。

（3）自由的重要性程度。如果一项自由对自己越重要，则当这项自由被剥夺时，其心理抗拒力量也越大。所谓重要性，指这种自由行为更能满足自己的需要而且无法用其他行为来替代。

（4）是否会影响到其他自由。如果人们的某种自由剥夺，还会影响到其他自由，则其心理抗拒会更强。

五、案例分析题

答：（1）CIS 计划开发的作业程序大体可以分为三个阶段：①组织实态的调查阶段；②设计开发阶段；③实施管理阶段。

（2）①实态调查阶段：公司通过调查发现，组织存在的内部问题是形象差、经营理念无法渗透、与社会的沟通不足等。外部原因是，目前兼具味道浓厚与清爽顺口两者的啤酒较受欢迎。

②设计开发阶段：公司 CIS 推行委员会以消费者导向为企业目标，推行 Live People（有活力的人）运动、新标识制定、新味道与新品牌的啤酒开发等改革；另外还变更公司的标识、设计品牌。

③实施管理阶段：公司设置部门 CIS 推行委员会，举办全公司员工试饮会等。

全国高等教育自学考试
公共关系学模拟试卷（十一）

（课程代码 00182）

第Ⅰ部分 选择题（40分）

一、单项选择题（本大题共20小题，每小题1分，共20分。在每小题列出的四个备选项中只有一个是符合题目要求的，请将其代码填写在题后的括号内。错选、多选或未选均无分。）

1. 公共关系职业化时期的代表人物是（　　）。

A. 艾维·李　　B. 爱德华·伯尼斯

C. 巴纳姆　　D. 詹姆斯·格鲁尼格

2. 被称为公共关系发展史上“第一个里程碑”的专著是（　　）。

A.《公众舆论的形成》　　B.《公共关系学》

C.《修辞学》　　D.《高卢战记》

3. 上海市公共关系协会成立的时间是（　　）。

A. 1985年　　B. 1986年

C. 1987年　　D. 1989年

4. 从管理作用上看，公共关系部门在组织中扮演的角色是（　　）。

A. 领导角色　　B. 中介角色

C. 监督角色　　D. 核心角色

5. 现实的稳定态度和习惯化的行为方式被称为（　　）。

A. 兴趣　　B. 需要

C. 气质　　D. 性格

6. 新闻稿的灵魂是（　　）。

A. 事实　　B. 导语

C. 结语　　D. 标题

7. 许多人竞相效仿特定人物的某种新奇行为而形成的社会风尚称为（　　）。

A. 流行　　B. 流言

C. 舆论　　D. 信念

8. 个人不愿意因为与众不同而感到孤立，从而放弃自己意见的“随大流”行为是（　　）。

A. 社会抗拒行为　　B. 社会逆反行为

C. 社会抵触行为　　D. 社会从众行为

9. 所有流行项目最显著的特征是（　　）。

A. 周期性　　B. 新奇性

C. 时效性　　D. 两极性

10. 议题设置论的最杰出研究者是（　　）。

A. 麦库姆斯　　B. 拉扎斯菲尔德

C. 卢因　　D. 拉斯韦尔

11. 弗兰克·杰夫金斯提出的“六步工作法”中的第四步是（　　）。

A. 确定目标　　B. 审定方案

C. 选择媒介　　D. 设计主题

12. 公共关系策划全过程的首要环节是（　　）。

A. 确定目标　　B. 设计方案

C. 选择方案　　D. 实施方案

13. 广告活动构成要素中的“信道”是指（　　）。

A. 广告受众　　B. 广告主

C. 广告代理商　　D. 广告媒介

14. 最常见的新闻稿结构是（　　）。

A. 正金字塔结构　　B. 并列结构

C. 顺时结构　　D. 倒金字塔结构

15. 把公众分为顺意公众、逆意公众和边缘公众的划分标准是（　　）。

A. 组织内外对象　　B. 组织价值取向

C. 公众对组织态度　　D. 关系重要程度

16. MIS 是指（　　）。

A. 视觉识别系统　　B. 行为识别系统

C. 理念识别系统　　D. 组织识别系统

17. 组织处于“臭名远扬”状态时的形象地位是（　　）。

A. 高知名度/高美誉度　　B. 低知名度/高美誉度

C. 高知名度/低美誉度　　D. 低知名度/低美誉度

18. 在 VIS 中，应用最广泛、使用频率最多的要素是（　　）。

A. 标志　　B. 标准字

C. 标准色　　D. 组织造型

19. 形象修复理论的提出者是（　　）。

A. 芬克　　B. 班尼特

C. 伯克兰　　D. 格鲁尼格

20. 危机管理阶段划分“4R”学说的提出者是（　　）。

A. 斯蒂文·芬克　　B. 米特罗夫

C. 迈克尔·罗杰斯　　D. 罗伯特·希斯

二、多项选择题（本大题共 10 小题，每小题 2 分，共 20 分。在每小题列出的五个备选项中至少有两个是符合题目要求的，请将其代码填写在题后的括号内。错选、多选、少选或未选均无分。）

21. 按照内部业务，公关公司可分为（　　）。

A. 专项业务服务公司　　B. 合作型公司

C. 专门业务服务公司　　D. 独立型公司

E. 综合服务咨询公司

22. 非正式团体的类型包括（　　）。

A. 友谊型　　B. 同好型

C. 工作型　　D. 自卫型

E. 互利型

23. 根据关系的稳定程度，可将公众划分为（　　）。

A. 首要公众　　B. 次要公众

C. 临时公众　　D. 周期公众

E. 稳定公众

24. 个性心理特征包括（　　）。

A. 兴趣　B. 气质

C. 能力　D. 动机

E. 性格

25. 下列属于标记语言的有（　　）。

A. 聋哑人手语　B. 接吻

C. 交警手势　D. 环境布置

E. 军队电码

26. 公共关系策划书的基本格式包括（　　）。

A. 封面　B. 目录

C. 内容提要　D. 环境分析

E. 必要说明

27. 庆典活动的类型包括（　　）。

A. 开业庆典　B. 周年庆典

C. 乔迁庆典　D. 重大成果庆典

E. 受到特殊嘉奖庆典

28. 根据展览会的规模可将展览会分为（　　）。

A. 大型综合展览会　B. 中型展览会

C. 小型展览会　D. 袖珍展览会

E. 露天展览会

29. 构成组织外在形象的要素有（　　）。

A. 组织的目标　B. 商标

C. 广告　D. 产品的外观

E. 典礼仪式

30. 斯蒂文·芬克将危机管理阶段划分为（　　）。

A. 危机潜在期　B. 危机突发期

C. 危机反应期　D. 危机蔓延期

E. 危机恢复期

第Ⅱ部分　非选择题（60分）

三、简答题（本大题共6小题，每小题5分，共30分。）

31. 简述公共关系一般人员的构成类型。

32. 简述开幕（开业）典礼的一般程序。

33. 简述公共关系策划的作用。

34. 简述广告策划的内容。

35. 简述展览会的特点。

36. 简述报纸传播的优点。

四、论述题（本大题共 2 小题，每小题 10 分，共 20 分。）

37. 试述组织处理与内部公众关系的艺术。

38. 在公共关系危机传播管理中，怎样把好“传者”关？

五、案例分析题（本大题共 1 小题，共 10 分）

39. 2004 年伊始，“禽流感”在亚洲爆发，越南、泰国等国家的疫情尤为严重。我国广西、湖北等省份也陆续发现疫情。以家禽为主要原材料的饮食业也随之受到严重影响，肯德基就是其中之一。

百胜餐饮集团（肯德基母公司）面对日益恶化的经营环境在全国做了基本调查后发现，在中国的 1 000 多家餐厅虽营业正常，但在某些地区顾客已有所减少，原因除了禽流感引起的国人“谈鸡色变”，还有一些越南肯德基已将产品中的“鸡肉”换成了“鱼肉”，而且一些当地餐厅已经关闭的消息早就通过网络媒体传入了中国。

肯德基迅速启动危机管理预案并召开记者发布会，一方面强调肯德基在中国地区的全部餐厅所使用的鸡肉原材料均来自中国本土最有信誉的供应商，这些商家及其产品均获得了 IS09001 认证和 HACCP（危害分析和关键控制点）认证，可以保证食材的安全性；另一方面，澄清越南肯德基闭店及更换食材的真实原因在于越南本地合格鸡肉原材料供应出现了问题，并非肯德基所用鸡肉没有安全保障。之后，该公司又于 2004 年 2 月 5 日首次向社会公开了食品的制作工艺，不惜透露“身家”秘诀。此举使肯德基成功渡过了禽流感危机。

请运用公关危机管理原则相关知识并结合案例，分析评价肯德基对此次事件的处理过程。

全国高等教育自学考试
公共关系学模拟试卷（十一）
参考答案

（课程代码 00182）

一、单项选择题

1. A 2. A 3. B 4. B 5. D 6. B 7. A
8. D 9. B 10. A 11. C 12. A 13. D 14. D
15. C 16. C 17. C 18. A 19. B 20. D

二、多项选择题

21. ACE 22. ABCDE 23. CDE 24. BCE 25. ACE
26. ABCDE 27. ABCDE 28. ABCD 29. BCDE 30. ABDE

三、简答题

31. 答：①调查分析人员；②计划人员；③传播人员；④文秘人员；⑤专门技术人员。

32. 答：①主持人宣布典礼开始，奏国歌或奏乐；②介绍来宾；③剪彩、题词等；④有关领导和来宾致辞；⑤安排其他助兴节目。

33. 答：①是市场经济发展的客观要求；②是企业经营管理的重要任务；③是塑造组织形象的关键；④是公共关系活动成功的保证。

34. 答：①市场调查；②广告定位；③广告创意；④广告媒介安排；⑤广告效果测定。

35. 答：①传播媒介的多样性；②传播方式的直观性；③双向沟通的直接性；④传播过程的高效性。

36. 答：①可充分处理论题；②选择性强；③易于保存、易于检索；④专业性强；⑤经济性强。

四、论述题

37. 答：①内部公众关系的主要目标是培养内部公众的主人翁意识，形成对组织的认同感、归属感，创造和睦、向上、勤奋的组织人际关系环境和工作风气。

②树立“内部公众第一”的思想，正确认识内部公众在组织中的主人翁地位。

③传播沟通，增强内部公众的民主与参与意识。

④开展丰富多彩的活动，进行感情投资。

⑤善于做思想工作，培养内部公众的忠诚心。

38. 答：①“传者”的表现直接影响到组织的危机管理战略。

②建立完善的危机新闻中心。

③设立新闻发言人——“谁来说”。

④用一个声音说话——“说什么”。

⑤建立梯度信息发布机制——“怎么说”。

五、案例分析题

39. 答：①组织在危机管理中应坚持及时、主动、真实、公开、战略和公众至上的原则。

②肯德基坚持了公开性原则，表现为向社会公开食材来源和食品制作工艺。

③肯德基坚持了真实性原则，表现为向社会澄清越南肯德基餐厅关闭和“鸡肉”改“鱼肉”的真正原因。

④肯德基坚持了战略性原则，表现为开展了全国范围的全面调查，冷静地分析并果断地召开了记者发布会。

⑤肯德基坚持了公众至上原则，表现为召开记者发布会以保障公众的知情权，使公众获得尊重，由此获得公众信任。

⑥肯德基没有很好地把握及时性原则，表现为没有在禽流感发生的 24 小时内意识到这场危机的严重性，也没有在第一时间做出反应。

⑦肯德基没有很好地把握主动性原则，表现为肯德基在了解部分餐厅顾客减少后，才被动地启动应急预案，召开记者发布会说明情况。

⑧肯德基应对禽流感危机的工作虽属“亡羊补牢”，但终究挽救了企业的生命。

全国高等教育自学考试
公共关系学模拟试卷（十二）

（课程代码　00182）

第Ⅰ部分　选择题（40分）

一、单项选择题（本大题共20小题，每小题1分，共20分。在每小题列出的四个备选项中只有一个是符合题目要求的，请将其代码填写在题后的括号内。错选、多选或未选均无分。）

1. 公共关系的运行机制是（　　）。

A. 传播　　B. 组织

C. 公众　　D. 形象

2. 将公关公司划分为合作型公司与独立型公司的标准是（　　）。

A. 经营方式　　B. 内部业务

C. 外部业务　　D. 隶属关系

3. 中国第一家公共关系专业公司是（　　）。

A. 伟达公共关系公司　　B. 博雅公共关系公司

C. 中国环球公共关系公司　　D. 易福州公共关系公司

4. 提出需要层次论的美国心理学家是（　　）。

A. 泰罗　　B. 弗鲁姆

C. 赫兹伯格　　D. 马斯洛

5.《〈中国公共关系职业道德准则〉草拟及实施方案》提出的时间是（　　）。

A. 1985年　　B. 1986年

C. 1987 年　　D. 1989 年

6. 人们希望归属于一个团体以得到关心、爱护、支持、友谊和忠诚，这种需要是（　　）。

A. 生理需要　　B. 安全需要

C. 社交需要　　D. 尊重需要

7. 首次提出心理感应抗拒理论的美国心理学家是（　　）。

A. 布林　　B. 阿基里斯

C. 法约尔　　D. 麦格雷戈

8. “媒介是人体的延伸”的提出者是（　　）。

A. 巴勒克拉夫　　B. 麦克卢汉

C. 拉斯韦尔　　D. 伯尼斯

9. 在保加利亚的一些地区，点头表示拒绝，摇头表示同意，这反映的非语言传播特性是（　　）。

A. 隐喻性　　B. 可信性

C. 组合性　　D. 情境性

10. 受众心理选择过程的第二个环节是（　　）。

A. 选择性注意　　B. 选择性理解

C. 选择性记忆　　D. 选择性输出

11. 根据公众对组织的态度，可将公众划分为（　　）。

A. 临时公众、周期公众和稳定公众　B. 内部公众和外部公众

C. 顺意公众、逆意公众和边缘公众　D. 首要公众和次要公众

12. VIS 的全称是（　　）。

A. 理念识别系统　　B. 行为识别系统

C. 组织识别系统　　D. 视觉识别系统

13. 整合营销传播最基础的形式是（　　）。

A. 协调的整合　　B. 功能的整合

C. 认知的整合　　D. 形象的整合

14. 儿童玩具应选择的广告主题题材是（　　）。

A. 食欲　　B. 地位

C. 爱情　　D. 母爱

15. “巴黎国际博览会”属于（　　）。

A. 大型综合展览会　　B. 中型展览会

C. 小型展览会　　D. 袖珍展览会

16. 某公司为庆祝其产品的抽查合格率全国第一而举办的庆典活动属于（　　）。

A. 开业庆典　　B. 周年庆典

C. 重大成果庆典　　D. 受到特殊嘉奖庆典

17. 具有互动性特征的大众传播电子媒介是（　　）。

A. 报纸　　B. 网络

C. 电视　　D. 杂志

18. 所有社会组织的目标公众中最具有权威性的对象是（　　）。

A. 政府公众　　B. 顾客公众

C. 媒介公众　　D. 国际公众

19. 将危机定义为“有可能变好或变坏的转折点或关键时刻”的是（　　）。

A. 赫尔曼　　B. 英文韦氏词典

C. 乌里尔·罗森塔尔　　D. 巴顿

20. 公共关系危机最为明显的特征是（　　）。

A. 不确定性　　B. 突发性

C. 连锁破坏性　　D. 溢出效应

二、多项选择题（本大题共10小题，每小题2分，共20分。在每小题列出的五个备选项中至少有两个是符合题目要求的，请将其代码填写在题后的括号内。错选、多选、少选或未选均无分。）

21. 公共关系的最基本功能包括（　　）。

A. 收集信息　　B. 辅助决策

C. 传播推广　　D. 协调沟通

E. 提供服务

22. 在我国政府中，具有公共关系性质的部门有（　　）。

A. 新闻办　　B. 信访局

C. 交际处　　D. 联络处

E. 对外宣传处

23. 下列公众属于稳定公众的有（　　）。

A. 老主顾　　B. 酒店常客

C. 社区居民　　D. 足球场闹事的球迷

E. 飞机误点滞留机场的旅客

24. 公众的特点包括（　　）。

A. 单一性　　B. 共同性

C. 多样性　　D. 变化性

E. 相关性

25. 流行的特点包括（　　）。

A. 新奇性　　B. 时效性

C. 周期性　　D. 持续性

E. 两极性

26. 形成知觉偏见的原因主要有（　　）。

A. 首因效应　　B. 近因效应

C. 晕轮效应　　D. 刻板印象

E. 鲶鱼效应

27. 传播的内容分析主要包括（　　）。

A. 传播的法规与政策　　B. 传播对象的心理

C. 传播的分类　　D. 传播的符号

E. 传播的宣传方法

28. 公共关系策划的原则包括（　　）。

A. 利益性原则　　B. 客观性原则

C. 系统性原则　　D. 可行性原则

E. 灵活性原则

29. 写作新闻稿的基本要求包括（　　）。

A. 旁征博引　　B. 主题突出

C. 简明扼要　　D. 生动活泼

E. 想象丰富

30. 整合营销传播的方法包括（　　）。

A. 同一外观法　　B. 主题线法

C. 供应面策划法　　D. 特设会议法

E. 基于消费者方法

第Ⅱ部分　非选择题（60分）

三、简答题（本大题共6小题，每小题5分，共30分。）

31. 简述内部公众的重要性。

32. 简述公共关系策划的原则。

33. 简述舆论的作用。

34. 简述非语言传播的特性。

35. 简述广告策划的内容。

36. 简述公共关系危机事中管理的内容。

四、论述题（本大题共2小题，每小题10分，共20分。）

37. 试述做好对外开放参观活动应完成的工作。

38. 试述公共关系策划书的构成要素。

五、案例分析题（本大题共1小题。共10分）

39. 英国航空公司客机008号班机，准备从日本东京返回伦敦时，因飞机故障起飞推迟20小时。为了不使在东京候此班机回伦敦的乘客耽误行程，英国航空公司公关人员及时与这些乘客沟通并帮助这些乘客换乘其他公司的飞机。经过公关人员的努力，其中190名乘客欣然接受了英航公司的妥当安排，分别改乘别的班机飞往伦敦。但其中有一位日本老太太大竹秀子说什么也不肯换乘其他班机，坚决要乘英航公司的008号班机。无奈，公关人员只好与公司协商，重新安排008号班机从伦敦起飞，到达东京后返回伦敦。于是，东京至伦敦返航的008号班机上只载着一名旅客——大竹秀子。据估计，这次只有一名乘客的国际航班使英国航空公司至少损失了10万美元。然而正是由于英国航空公司公关人员的努力，使英航公司在世界各国来去匆匆的顾客心目中留下了一个用金钱也难以买到的良好形象。

问题：

（1）请用所学知识分析英国航空公司公关人员所具备的基本素质。

（2）除案例反映出的公关人员基本素质之外，公关人员还应具备何种素质？

全国高等教育自学考试
公共关系学模拟试卷（十二）
参考答案

（课程代码 00182）

一、单项选择题

1. A	2. A	3. C	4. D	5. D	6. C	7. A
8. B	9. D	10. B	11. C	12. D	13. C	14. D
15. A	16. C	17. B	18. A	19. B	20. B	

二、多项选择题

21. ABCDE	22. ABCDE	23. ABC	24. BCDE	25. ABCE
26. ABCD	27. CDE	28. ABCDE	29. BCD	30. ABCDE

三、简答题

31. 答：(1) 内部公众是形成组织力量的主体。

(2) 内部公众是组织创一流产品的主力军。

(3) 内部公众是塑造和推销组织形象的积极因素。

32. 答：①利益性原则；②客观性原则；③系统性原则；④可行性原则；⑤灵活性原则。

33. 答：①制约与监督作用；②鼓动作用；③指导作用。

34. 答：①传播性；②情境性；③可信性；④组合性；⑤隐喻性。

35. 答：①市场调查；②广告定位；③广告创意；④广告媒介安全；⑤广告效果测定。

36. 答：(1) 调查了解、获取第一手资料。

(2) 制定暂时的对外传播时间表。

(3) 启动危机管理小组，制订危机管理计划。

(4) 危机管理。

（5）总结经验。

四、论述题

37. 答：①明确目的；②确定参观规模；③安排好参观时间；④确定参与人员；⑤准备宣传材料；⑥选择参观线路；⑦做好解说和接待工作；⑧对参观者一视同仁。

38. 答：（1）What——策划的目的和内容。

（2）Who——策划组织者、策划人及策划所涉及的公众。

（3）Where——策划实施地点。

（4）When——策划实施时机。

（5）Why——策划的缘由。

（6）How——策划的方法和实施形式。

（7）How much——策划的预算。

（8）Effect——策划结果的预测。

五、案例分析题

39. 答：（1）案例反映出英航公司公关人员具备过硬的公关意识，具体为：形象意识、服务意识、沟通意识、长远意识。

（2）除此之外，公关人员还应具备的意识有：互惠意识和创新意识等。

第二编
近年自考试题汇编

2017年10月全国高等教育自学考试
公共关系学试卷

（课程代码　00182）

第Ⅰ部分　选择题（40分）

一、单项选择题（本大题共20小题，每小题1分，共20分。在每小题列出的四个备选项中只有一个是符合题目要求的，请将其代码填写在题后的括号内。错选、多选或未选均无分。）

1. 影响和制约组织政策及行为的经营观念、管理哲学被称为（　　）。

A. 公共关系观念　　B. 公共关系状态

C. 公共关系活动　　D. 公共关系实务

2. 最早问世的公共关系学理论书籍是（　　）。

A.《修辞学》　　B.《论语》

C.《大学》　　D.《理想国》

3. 公关意识的核心是（　　）。

A. 创新意识　　B. 长远意识

C. 形象意识　　D. 互惠意识

4. 中国公关协会成立的时间是（　　）。

A. 1965年　　B. 1975年

C. 1985年　　D. 1987年

5. “人可以谋人，可以谋事，亦可以谋天，亦可以谋地。谋则变，不谋则不得变，谋则成，不谋则不得成。”这说明公关人员应具备（　　）。

A. 文字和口头表达能力　　B. 良好的组织能力

C. 思维和谋划能力　　D. 观察能力

6. 企业支持希望工程活动属于（　　）。

A. 赞助文化事业　　B. 赞助教育事业

C. 赞助福利事业　　D. 赞助艺术事业

7. 在公关传播模式中，“5W”模式的提出者是（　　）。

A. 拉斯韦尔　　B. 伯尼斯

C. 马斯洛　　D. 布林

8. 某企业为庆贺其被上级政府部门授予某某称号而举行的庆典活动属于（　　）。

A. 周年庆典　　B. 乔迁庆典

C. 重大成果庆典　　D. 受到特殊嘉奖庆典

9. 希腊史诗《伊利亚特》《奥德赛》得以传承保存下来所依赖的媒介形式为（　　）。

A. 口语媒介　　B. 手抄媒介

C. 印刷媒介　　D. 电子媒介

10. 以客观事实报道和评论为主要内容，利用印刷文字，以较短的时间间隔定期发行的一种媒体为（　　）。

A. 电视　　B. 网络

C. 杂志　　D. 报纸

11. 公关的行为主体是（　　）。

A. 相关公众　　B. 组织机构

C. 传播沟通媒介　　D. 个人

12. 赞助活动深受社会大众喜欢的原因是其具有（　　）。

A. “利他性”特色　　B. “利己性”特色

C. “娱乐性”特色　　D. “教育性”特色

13. 决定广告策划成败的关键是（　　）。

A. 广告效果测定　　B. 市场调查

C. 广告媒介安排　　D. 广告创意

14. 广告主题的构成要素包括广告目标、信息个性与（　　）。

A. 广告定位　　B. 广告内容

C. 消费心理　　D. 传播媒介

15. 以偏概全、以点概面的片面知觉是（ ）。

A. 首因效应　　B. 近因效应

C. 晕轮效应　　D. 刻板效应

16. 将展览会分为宣传展览会和贸易展览会的标准是（ ）。

A. 展览会性质　　B. 举办场地

C. 商品种类　　D. 举办规模

17. 马斯洛的需要层次论中最高层次需要是（ ）。

A. 安全的需要　　B. 社交的需要

C. 尊重的需要　　D. 自我实现的需要

18. 将公关公司划分为专项业务服务公司、专门业务服务公司、综合服务咨询公司所依据的标准是（ ）。

A. 经营方式　　B. 内部业务

C. 外部业务　　D. 隶属关系

19. 斯蒂文·芬克提出的危机传播理论是（ ）。

A. 战略分析理论　　B. 阶段分析理论

C. 焦点事件理论　　D. 卓越理论

20. 组织识别系统（CIS）中的“MIS”是（ ）。

A. 理念识别系统　　B. 行为识别系统

C. 视觉识别系统　　D. 价值识别系统

二、多项选择题（本大题共10小题，每小题2分，共20分。在每小题列出的五个备选项中至少有两个是符合题目要求的，请将其代码填写在题后的括号内。错选、多选、少选或未选均无分。）

21. 公关协会的主要活动内容有（ ）。

A. 联络会员　　B. 规范公关道德

C. 专业培训　　D. 普及知识

E. 编辑出版刊物

22. 根据公众对组织的态度，可以将公众划分为（ ）。

A. 首要公众　　B. 次要公众

C. 顺意公众　　D. 逆意公众

E. 边缘公众

23. 下列公众属于组织内部公众的有（　　）。

A. 管理人员　　B. 技术人员

C. 生产人员　　D. 销售人员

E. 社区居民

24. 展览会的特点有（　　）。

A. 传播媒介的多样性　　B. 传播媒介的一元性

C. 传播方式的直观性　　D. 双向沟通的直接性

E. 传播过程的高效性

25. 报纸传播的弱点有（　　）。

A. 时效性差　　B. 读者的受局限性

C. 现场感差　　D. 形象感差

E. 费用较高

26. 根据公关活动的行为方式，可将公关活动划分为（　　）。

A. 建设型公关　　B. 维系型公关

C. 进攻型公式　　D. 防御型公关

E. 矫正型公关

27. 确定广告主题应注意的事项包括（　　）。

A. 引人注目　　B. 浅显易懂

C. 整体统一　　D. 独特个性

E. 高深莫测

28. 公关危机预警机制包括（　　）。

A. 建立信息监测系统　　B. 组建危机管理小组

C. 充足的资源保障　　D. 制定对外传播时间表

E. 仿真“演习”

29. 根据公众对组织形象因素的关注程度，可将组织形象划分为（　　）。

A. 主导形象　　B. 辅助形象

C. 直接形象　　D. 间接形象

E. 负面形象

30. 公关卓越理论建构所依赖的模型包括（　　）。

A. 新闻代理模型　　B. 公共信息模型

C. 双向非对称模型　　D. 双向对称模型

E. 单向非对称模型

第Ⅱ部分　非选择题（60分）

三、简答题（本大题共6小题，每小题5分，共30分。）

31. 简述公关的基本要素。

32. 简述公关的基本功能。

33. 简述口语传播的优点。

34. 组织内设公关部门的基本模式有哪些？

35. 简述媒体组合的优点。

36. 简述广告与公共关系的联系。

四、论述题（本大题共 2 小题，每小题 10 分，共 20 分。）

37. 试述公共关系策划书的基本格式。

38. 试述文字传播媒介的优点和缺点。

五、案例分析题

39. 在北京申办第24届冬季奥林匹克运动会前夕，×××矿泉水企业打出广告："从现在起，你每买一瓶×××矿泉水，你就为申奥贡献一分钱。"这就是该企业的"全民申奥一分钱"活动。通过此项活动，该企业年度销售量比上一年度增加90%，在国内瓶装饮用水市场占有率也跃居第一。

运用所学公关知识分析该企业活动的性质并说明该类活动的作用。

2017年10月全国高等教育自学考试
公共关系学试卷
参考答案

（课程代码　00182）

一、单项选择题

1. A　2. A　3. C　4. D　5. C　6. B　7. A
8. D　9. A　10. D　11. B　12. A　13. D　14. C
15. C　16. A　17. D　18. B　19. B　20. A

二、多项选择题

21. ABCDE　22. CDE　23. ABCD　24. ACDE　25. ABCD
26. ABCDE　27. ABCD　28. ABCE　29. AB　30. ABCD

三、简答题

31. 答：（1）公关的行为主体是组织机构。（1分）

（2）公关的沟通对象是相关公众。（1分）

（3）公关的工作手段是传播媒介。（1分）

（4）公关的过程是信息的双向交流。（1分）

（5）公关的目标是为组织机构树立良好的公众形象。（1分）

32. 答：①收集信息；（1分）②辅助决策；（1分）③传播推广；（1分）④沟通协调；（1分）⑤提供服务。（1分）

33. 答：（1）不需要辅助手段，运用简便，易于控制。（2分）

（2）双向交流，可做到“有的放矢”。（2分）

（3）能释放人的情绪能量，起某种心理平衡作用。（1分）

34. 答：①部门隶属型；（2分）②部门并列型；（1分）③高层领导直属型；（1分）④公共关系委员会。（1分）

35. 答：（1）实现了信息的多层次化。（2分）

（2）能使信息集中传播。（2分）

（3）可带来冲击力的乘积效果。（1分）

36. 答：（1）都以企业的市场营销战略为依据。（2分）

（2）都以目标公众为对象。（1分）

（3）都以传播信息为手段。（1分）

（4）都以形象的塑造为使命。（1分）

四、论述题

37. 答：①封面；（1分）②目录；（1分）③内容提要；（1分）④前言；（1分）⑤环境分析；（1分）⑥确立目标；（1分）⑦确定公众；（1分）⑧公共关系活动的主题及相应的宣传口号；（1分）⑨实施详案；（1分）⑩必要说明。（1分）

38. 答：（1）优点：①传播距离延长、范围大；（2分）

②信息可以保存，不再迅速消逝；（2分）

③信息传递的确切可靠性。（2分）

（2）缺点：①传播速度慢、信息容量小，规模小且成本高；（2分）

②文字信息传递的局限性。（2分）

五、案例分析题（10分）

39. 答：该活动是一种赞助活动，（2分）即赞助体育活动。（2分）

该活动的作用在于：

（1）表明自己承担的社会责任。（2分）

（2）培养与社会公众的良好感情。（2分）

（3）通过赞助活动做广告。（2分）

2018年4月全国高等教育自学考试
公共关系学试卷

（课程代码　00182）

第Ⅰ部分　选择题（40分）

一、单项选择题（本大题共20小题，每小题1分，共20分。在每小题列出的四个备选项中只有一个是符合题目要求的，请将其代码填写在题后的括号内。错选、多选或未选均无分。）

1. 侧重从公共关系的传播属性来理解公共关系的学者是（　　）。

A. 雷克斯·哈罗　　B. 弗兰克·杰夫金斯

C. 詹姆斯·格鲁尼格　　D. 蔡尔滋

2. 公关意识的核心是（　　）。

A. 形象意识　　B. 沟通意识

C. 互惠意识　　D. 创新意识

3. 中国公关职业获得国家有关部门认可的标志是（　　）。

A. 国家职业资格工作委员会公关专业委员会的成立

B. 全国公关职业审定委员会的成立

C. 公关职业道德准则的出台

D. 公关协会的成立

4. “把关人”概念出自（　　）。

A.《原则宣言》　　B.《公共舆论的形成》

C.《第五项修炼》　　D.《群体生活的渠道》

5. 提出“两级传播论”的学者是（　　）。

A. 弗鲁姆　　B. 阿基里斯

C. 拉扎斯菲尔德　　D. 林德布鲁姆

6. 通才式的公关人才可视为（　　）。

A. 咨询型人才　　B. 领导型人才

C. 智囊型人才　　D. 辅助型人才

7. 影响受传者选择性理解的心理因素包括（　　）。

A. 知识、地位、动机　　B. 动机、认知、兴趣

C. 情感、性格、气质　　D. 需要、态度、情结

8. 将展览会分为单一商品展览会和混合商品展览会的标准是（　　）。

A. 展会性质　　B. 展览场地

C. 展品种类　　D. 展出规模

9. 聋哑人的手语属于（　　）。

A. 标记语言　　B. 行动语言

C. 物体语言　　D. 口头语言

10. 从全局的高度，用有限的经费对媒体资源进行合理配置和利用，以取得最佳信息传播效果的过程称为（　　）。

A. 媒体选择　　B. 媒体合作

C. 媒体组合　　D. 媒体规划

11. 把有限的广告费用集中投入某一特定媒体的方法为（　　）。

A. 异质化媒体组合　　B. 差异化媒体组合

C. 分散型媒体组合　　D. 集中型媒体组合

12. 承载、复制并传递信息的物理形式是（　　）。

A. 公众　　B. 动机

C. 需要　　D. 媒介

13. 传播媒介发展的第二个阶段是（　　）。

A. 手抄媒介　　B. 口语媒介

C. 印刷媒介　　D. 电子媒介

14. 班尼特的形象修复理论（　　）。

A. 仅适用于个人

B. 仅适用于组织

C. 既适用于组织也适用于个人

D. 既不适用于组织也不适用于个人

15. 橱窗陈列展览属于（　　）。

A. 大型展览会　　　　B. 中型展览会

C. 小型展览会　　　　D. 袖珍展览

16. 广告代理公司为企业提供一套营销传播服务系统的整合营销传播的方法是（　　）。

A. 同一外观法　　　　B. 主题线方法

C. 供应面的策划方法　　　　D. 特设会议的方法

17. 财力、精力花费最少，使用最方便的传播媒介是（　　）。

A. 广播　　　　B. 报纸

C. 电视　　　　D. 网络

18. 把组织形象划分为内部形象和外部形象的标准是（　　）。

A. 主客观属性　　　　B. 接受者范围

C. 社会公众评价态度　　　　D. 获取信息媒介渠道

19. 危机管理阶段划分“4R”说的提出者是（　　）。

A. 斯蒂文·芬克　　　　B. 罗伯特·希斯

C. 米特罗夫　　　　D. 佩尔森

20. 企业为部队战士提供文体娱乐设施的活动属于（　　）。

A. 展览活动　　　　B. 庆典活动

C. 赞助活动　　　　D. 对外开放活动

二、多项选择题（本大题共10小题，每小题2分，共20分。在每小题列出的五个备选项中至少有两个是符合题目要求的，请将其代码填写在题后的括号内。错选、多选、少选或未选均无分。）

21. 公关一般人员包括（　　）。

A. 领导人员　　　　B. 计划人员

C. 传播人员　　　　D. 文秘人员

E. 专门技术人员

22. 公关人员在工作中应遵守的道德规范有（　　）。

A. 公正　　　　B. 正派

C. 对社会负责　　　　D. 真实

E. 保密

23. 下列公众属于周期公众的有（　　）。

A. 节假日期间出现的旅客高峰　　B. 招生时节的考生及家长

C. “广交会”的来宾　　D. 社区居民

E. 老主顾

24. 根据公众发展过程的不同阶段，可将公众划分为（　　）。

A. 非公众　　B. 顺意公众

C. 知晓公众　　D. 行动公众

E. 边缘公众

25. 公关领导人员的特殊工作包括（　　）。

A. 确定工作目标与制订工作计划　　B. 领导全体公关人员开展工作

C. 出席组织最高领导层的工作会议　　D. 充当组织的发言人

E. 充当组织的外交代表

26. 公关基本实务知识包括（　　）。

A. 公关调研知识　　B. 公关策划知识

C. 公众分析知识　　D. 社交礼仪知识

E. 公关评估知识

27. 受众选择“3S”论包括（　　）。

A. 选择性注意　　B. 选择性遗忘

C. 选择性理解　　D. 选择性告知

E. 选择性记忆

28. 公共关系基本费用包括（　　）。

A. 人工报酬　　B. 办公费用

C. 专项资料费用　　D. 专项器材费用

E. 广告宣传费用

29. 广告主题的构成要素包括（　　）。

A. 广告媒介　　B. 广告目标

C. 信息个性　　D. 消费心理

E. 广告主

30. 赞助活动包括（　　）。

A. 赞助体育活动　　B. 赞助新闻出版和文化艺术事业

C. 赞助教育和科研事业　　D. 赞助福利事业和受灾地区

E. 赞助壮举

第Ⅱ部分　非选择题（60 分）

三、简答题（本大题共 6 小题，每小题 5 分，共 30 分。）

31. 简述庆典活动的类型。

32. 简述媒体组合的具体策略。

33. 简述口语媒介的弱点。

34. 简述广告的商业功能。

35. 简述赞助的作用。

36. 简述公关公司服务的特点。

四、论述题（本大题共 2 小题，每小题 10 分，共 20 分。）

37. 试述传播媒介选择的原则。

38. 举办展览会应做好哪些准备工作?

五、案例分析题（10 分）

39.“我们不生产水，我们只是大自然的搬运工。”这则农夫山泉宣传广告语的播出立刻引起公众的广泛关注和热议，为公司产品热销提供了良好的宣传效果。

请结合公关传播模式中的议题设置论分析该企业的做法。

2018年4月全国高等教育自学考试
公共关系学试卷
参考答案

（课程代码　00182）

一、单项选择题

1. B	2. A	3. A	4. D	5. C	6. B	7. D
8. C	9. A	10. C	11. D	12. D	13. A	14. C
15. D	16. C	17. A	18. B	19. B	20. C	

二、多项选择题

21. BCDE	22. ABCDE	23. ABC	24. ACD	25. CDE
26. ABCDE	27. ACE	28. ABCD	29. BCD	30. ABCDE

三、简答题

31. 答：①开幕（开业）庆典；（1分）②周年庆典；（1分）③乔迁庆典；（1分）④重大成果庆典；（1分）⑤受到特殊嘉奖庆典。（1分）

32. 答：（1）各种媒体间的组合。（2分）

（2）媒体内部的组合。（2分）

（3）媒体中广告内容的组合。（1分）

33. 答：（1）传播距离短，覆盖范围窄。（2分）

（2）口头语言消失迅速，难以直接保存。（2分）

（3）口语信息容易失真。（1分）

34. 答：（1）沟通产销，刺激需求。（2分）

（2）扩大销售，加速流通。（2分）

（3）鼓励竞争，活跃经济。（1分）

35. 答：（1）表明自己承担的社会责任。（2分）

（2）培养与社会公众的良好感情。（2分）

（3）通过赞助活动做广告。(1分)

36. 答：①较为客观公正；(1分) ②技术全面，专业性强；(1分) ③较灵活，适应性强；(1分) ④关系较疏远；(1分) ⑤运作成本较高。(1分)

四、论述题

37. 答：（1）根据目标受众的特点选择传播媒介。(2分)

（2）根据特性及影响力选择传播媒介。(2分)

（3）根据信息的特点选择传播媒介。(2分)

（4）根据竞争对手的媒介运用状况选择传播媒介。(2分)

（5）根据讲求经济效益的原则选择传播媒介。(2分)

38. 答：（1）搞清楚展览会的目的、主题和类型。(2分)

（2）充分做好本企业展台传播内容的准备工作。(2分)

（3）邀请参观者。(1分)

（4）向新闻机构采取合适的形式发布消息。(1分)

（5）准备好业务洽谈处，组织好工作人员等。(2分)

（6）对展览会的各项费用，要仔细预算，并报上级有关部门批准。(2分)

五、案例分析题（10分）

39. 答：（1）议题设置论认为，大众传播对某些议题的着重强调和这些议题在宣传中受重视的程度构成强烈的正相关关系。(4分)

（2）该广告宣传语在社会中形成一个热门话题，并直接与农夫山泉的产品挂钩，从而达到良好的传播效果。(4分)

（3）该宣传效果的产生，能够促使企业获得良好的市场效益，实现公关传播的目标，为企业树立了良好的知名度和美誉度。(2分)

2018 年 10 月全国高等教育自学考试公共关系学试卷

（课程代码　00182）

第Ⅰ部分　选择题（40 分）

一、单项选择题（本大题共 20 小题，每小题 1 分，共 20 分。在每小题列出的四个备选项中只有一个是符合题目要求的，请将其代码填写在题后的括号内。错选、多选或未选均无分。）

1. 中国公关协会成立于（　　）。

A. 1985 年　　B. 1986 年

C. 1987 年　　D. 1991 年

2. 被称为公关理论发展史的第一个里程碑的著作是（　　）。

A.《公众舆论的形成》　　B.《公共关系学》

C.《修辞学》　　D.《高卢战记》

3.《〈中国公共关系职业道德准则〉草拟及其实施方案》提出的时间是（　　）。

A. 1985 年　　B. 1986 年

C. 1987 年　　D. 1989 年

4. 公关的功利意识指的是（　　）。

A. 形象意识　　B. 服务意识

C. 沟通意识　　D. 互惠意识

5. 横向展览会指的是（　　）。

A. 混合商品展览会　　B. 室内展览会

C. 单一商品展览会　　D. 露天展览会

6. 某银行举办存款突破亿元大关的庆祝活动，该活动属于（　　）。

A. 开幕庆典　　B. 周年庆典

C. 重大成果庆典　　D. 特殊嘉奖庆典

7. “媒介是人体的延伸”的提出者是（　　）。

A. 巴勒克拉夫　　B. 麦克卢汉

C. 拉斯韦尔　　D. 伯尼斯

8. 人们希望归属于一个团体以得到关心、爱护、支持、友谊和忠诚，这种需要属于（　　）。

A. 生理需要　　B. 安全需要

C. 社交需要　　D. 尊重需要

9. 许多人竞相效仿某些有影响的特定人物的某种新奇行为而形成的社会风尚被称为（　　）。

A. 流行　　B. 流言

C. 舆论　　D. 风俗

10. 那些能够对信息的提供、制作、编辑和报道采取“疏导”与“抑制”行为的关键人物为（　　）。

A. 策划人　　B. 创意人

C. 把关人　　D. 监督人

11. 公关策划全过程的首要环节是（　　）。

A. 确定目标　　B. 设计方案

C. 选择方案　　D. 实施方案

12. 个人不愿意因为与众不同而感到孤立，从而放弃自己的意见的“随大流”行为是（　　）。

A. 自我评价行为　　B. 社会逆反行为

C. 自我认知行为　　D. 社会从众行为

13. 整合营销传播最基础的形式是（　　）。

A. 关系管理的整合　　B. 功能的整合

C. 认知的整合　　D. 形象的整合

14. 广告目标、信息个性与消费心理三者共同构成了（　　）。

A. 广告媒介　　B. 广告信息

C. 广告效果　　D. 广告主题

15. 国际博览会属于（　　）。

A. 大型的综合展览会　　B. 中型展览会

C. 小型展览会　　D. 袖珍展览

16. VIS 是指（　　）。

A. 理念识别系统　　B. 行为识别系统

C. 视觉识别系统　　D. 组织识别系统

17. 从他人非语言符号所透露出来的“蛛丝马迹”发现有价值的信息，说明非语言传播具有（　　）。

A. 隐喻性　　B. 可信性

C. 组合性　　D. 情境性

18.“臭名远扬”反映的组织形象地位是（　　）。

A. 高知名度/高美誉度　　B. 高知名度/低美誉度

C. 低知名度/高美誉度　　D. 低知名度/低美誉度

19. 形象修复理论的提出者是（　　）。

A. 芬克　　B. 班尼特

C. 伯克兰　　D. 格鲁尼格

20. 公关工作的对象统称为（　　）。

A. 人民　　B. 公众

C. 群众　　D. 大众

二、多项选择题（本大题共 10 小题，每小题 2 分，共 20 分。在每小题列出的五个备选项中至少有两个是符合题目要求的，请将其代码填写在题后的括号内。错选、多选、少选或未选均无分。）

21. 以内部业务为标准可将公关公司划分为（　　）。

A. 专项业务服务公司　　B. 合作型公司

C. 独立型公司　　D. 专门业务服务公司

E. 综合服务咨询公司

22. 根据关系的稳定程度，可将公众划分为（　　）。

A. 首要公众　　B. 次要公众

C. 临时公众　　D. 周期公众

E. 稳定公众

23. 公众的特点有（　　）。

A. 群体性　　B. 共同性

C. 多样性　　D. 变化性

E. 相关性

24. 影响和改变态度的因素包括（　　）。

A. 社会因素　　B. 团体因素

C. 宣传因素　　D. 个性因素

E. 态度系统特性因素

25. 受众选择“3S”论认为，受众选择过程表现为（　　）。

A. 选择性传播　　B. 选择性沟通

C. 选择性注意　　D. 选择性理解

E. 选择性记忆

26. 编制公关预算的方法主要有（　　）。

A. 按销售额抽成法　　B. 项目作业综合法

C. 零基预算法　　D. 平均发展速度预测法

E. 滚动预算法

27. 整合营销传播的方法包括（　　）。

A. 同一外观法　　B. 主题线法

C. 供应面策划法　　D. 特设会议法

E. 基于消费者法

28. 赞助活动的实施步骤包括（　　）。

A. 制定赞助法规　　B. 确定专人负责

C. 确定赞助政策　　D. 进行前期研究

E. 测定、评估效果

29. 根据公众获取组织信息的媒介渠道，可将组织形象划分为（　　）。

A. 直接形象　　B. 间接形象

C. 内在形象　　D. 外在形象

E. 实态形象

30. 危机传播领域的理论模式有（　　）。

A. 阶段分析理论　　B. 战略分析理论

C. 焦点事件理论　　D. 卓越理论

E. 莫斯分析理论

第Ⅱ部分　非选择题（60分）

三、简答题（本大题共6小题，每小题5分，共30分。）

31. 简述电视传播的弱点。

32. 简述组织内设公关部门的特点。

33. 简述公关活动业务方式。

34. 简述舆论的作用。

35. 简述公关策划的作用。

36. 简述公关危机事中管理的内容。

四、论述题（本大题共2小题。每小题10分，共20分。）

37. 试述杂志传播的优点和缺点。

38. 试述公关人员的基本能力。

五、案例分析题（10分）

39. 某时装店专营各类高档时装。小王打算在女友过生日的时候买一套时装送给她。一天，小王参加社区劳动从该店门前经过，看见两位女同事在店里买时装，顿时大喜，想请同事帮助自己选择女朋友的生日礼物。但门口保安不让小王入内，原因是他“衣冠不整”，双方争执不下，店中顾客议论纷纷，很多顾客指责门卫歧视顾客，下次不准备再来这家店了。

（1）请用顾客公众的相关理论分析门卫给时装店带来损失的原因。

（2）组织应如何处理好与顾客之间的关系？

2018年10月全国高等教育自学考试
公共关系学试卷
参考答案

（课程代码　00182）

一、单项选择题

1. C	2. A	3. D	4. D	5. A	6. C	7. B
8. C	9. A	10. C	11. A	12. D	13. C	14. D
15. A	16. C	17. A	18. B	19. B	20. B	

二、多项选择题

21. ADE	22. CDE	23. ABCDE	24. ABCDE	25. CDE
26. ABC	27. ABCDE	28. BCDE	29. AB	30. ABCD

三、简答题

31. 答：①反映信息的表面性；（2分）②反映的不可再现性；（2分）③费用较高。（1分）

32. ①了解内情；（1分）②便于协调；（1分）③效率较高；（1分）④成本较低；（1分）⑤工作受到组织内部因素的制约，难以完全做到客观公正。（1分）

33. 答：①宣传型公共关系；（1分）②交际型公共关系；（1分）③服务型公共关系；（1分）④社会活动型公共关系；（1分）⑤征询型公共关系。（1分）

34. 答：①制约与监督作用；（2分）②鼓动作用；（2分）③指导作用。（1分）

35. 答：（1）是市场经济发展的客观要求。（1分）

（2）是企业经营管理的重要任务。（1分）

（3）是塑造组织形象的关键。（1分）

（4）是公共关系活动成功的保证。（2分）

36. 答：（1）调查了解、获取第一手资料。（1分）

（2）制定暂时的对外传播时间表。（1分）

（3）启动危机管理小组，制订危机管理计划。(1 分)

（4）危机管理小组按照计划实施危机管理。(1 分)

（5）总结经验。(1 分)

四、论述题

37. 答：（1）优点：①针对性强；（2 分）②信息的覆盖与更替周期长；（2 分）③印刷精良，装帧较好，更具保存价值。(1 分)

（2）缺点：①缺乏灵活性与时效性；（2 分）②阅读范围的局限性；（2 分）③感染力较差。(1 分)

38. 答：（1）较强的文字和口头表达能力。(2 分)

（2）良好的组织能力。(1 分)

（3）健全的思维和谋划能力。(2 分)

（4）敏锐的观察能力。(1 分)

（5）很好的自制自控和灵活应变能力。(2 分)

（6）善于与他人交往的能力。(1 分)

（7）掌握政策、理论的能力。(1 分)

五、案例分析题（本大题 10 分。）

39. 答：（1）该门卫没有认识到顾客公众的重要性。(1 分) 顾客是企业组织的衣食父母，良好的顾客公众关系能够给组织带来效益，顾客公众能够帮助组织确立正确的经营宗旨和完善的服务理念。(3 分)

（2）组织要处理好与顾客的关系必须做到：树立为公众服务的思想，确立“顾客就是上帝”的观念；（2 分）适应顾客公众的需要，不断创新，提供优质产品；（2 分）想顾客公众所想，急顾客公众所急，为顾客公众提供一流的服务；（1 分）妥善处理与顾客间的纠纷。(1 分)

2019年4月全国高等教育自学考试 公共关系学试卷

（课程代码　00182）

第Ⅰ部分　选择题（40分）

一、单项选择题（本大题共20小题，每小题1分，共20分。在每小题列出的四个备选项中只有一个是符合题目要求的，请将其代码填写在题后的括号内。错选、多选或未选均无分。）

1. 被誉为公关之父的人物是（　　）。

A. 爱德华·伯尼斯　　B. 詹姆斯·格鲁尼格

C. 雷克斯·哈罗　　D. 艾维·李

2. 将公关公司划分为合作型公司与独立型公司的标准是（　　）。

A. 经营方式　　B. 内部业务

C. 外部业务　　D. 隶属关系

3. 中国第一家公关公司是（　　）。

A. 伟达公关公司　　B. 博雅公关公司

C. 中国环球公关公司　　D. 易神州公关公司

4. 公关策划的最后一步是（　　）。

A. 确定目标　　B. 审定方案

C. 编制预算　　D. 设计主题

5. 根据卢斯契和基斯的分类，聋哑人的手语、交警的指挥手势、军队的电码等属于（　　）。

A. 物体语言　　B. 行动语言

C. 标记语言　　D. 肢体语言

6. 传统媒体中，花费精力、财力最少，使用最为方便的传媒是（　　）。

A. 报纸　　B. 杂志

C. 网络　　D. 广播

7. 所有流行项目的最显著特征是（　　）。

A. 周期性　　B. 新奇性

C. 时效性　　D. 两极性

8. 受广告主委托，负责广告活动的策划与执行的广告经营机构是（　　）。

A. 媒体　　B. 点了公司

C. 广告代理商　　D. 广告协会

9. 受众心理选择过程的第二个环节为（　　）。

A. 选择性注意　　B. 选择性反馈

C. 选择性记忆　　D. 选择性理解

10. 提出需要层次论的美国心理学家是（　　）。

A. 泰罗　　B. 马斯洛

C. 赫兹伯格　　D. 弗鲁姆

11. 在美国，被誉为“公共关系的圣经”的著作为（　　）。

A.《原则宣言》　　B.《公众舆论的形成》

C.《有效的公共关系》　　D.《公共关系学》

12. “把关人”概念的提出者是德国著名心理学家（　　）。

A. 艾维·李　　B. 库尔特·卢因

C. 爱德华·伯尼斯　　D. 彼得·圣吉

13. 新闻稿的灵魂是（　　）。

A. 事实　　B. 导语

C. 结构安排　　D. 内容安排

14. 被称为新广告的营销广告新概念为（　　）。

A. 统合营销传播　　B. 新闻传播

C. 营销推广　　D. 两级传播

15. “广交会”属于（　　）。

A. 横向展览会　　B. 纵向展览会

C. 露天展览会　　D. 宣传展览会

16. 对外开放参观活动曾先应该确定的是（　　）。

A. 时间　　B. 规模

C. 人员　　D. 目的

17. MIS 是指（　　）。

A. 理念识别系统　　B. 行为识别系统

C. 视觉识别系统　　D. 组织识别系统

18. 在 VIS 中，应用最广泛、使用频率最多的要素是（　　）。

A. 标志　　B. 标准字

C. 标注色　　D. 组织造型

19. “没有你的信息，就是别人的信息；没有你的正面信息就可能是你的负面信息”反映了公关危机管理的（　　）。

A. 公众至上原则　　B. 公开性原则

C. 真实性原则　　D. 及时性原则

20. 公关危机最为明显的特征是（　　）。

A. 不确定性　　B. 溢出效应

C. 连锁破坏性　　D. 突发性

二、多项选择题（本大题共 10 小题，每小题 2 分，共 20 分。在每小题列出的五个备选项中至少有两个是符合题目要求的，请将其代码填写在题后的括号内。错选、多选、少选或未选均无分。）

21. 公关的基本功能包括（　　）。

A. 收集信息　　B. 辅助决策

C. 传播推广　　D. 协调沟通

E. 提供服务

22. 公关意识包括（　　）。

A. 形象意识　　B. 创新意识

C. 沟通意识　　D. 服务意识

E. 互惠意识

23. 根据对组织的态度，可将公众划分为（　　）。

A. 顺意公众　　B. 逆意公众

C. 边缘公众　　D. 稳定公众

E. 周期公众

24. 非正式团体的类型有（　　）。

A. 友谊型　　B. 同好型

C. 工作型　　D. 自卫型

E. 互利型

25. 形成知觉偏见的原因主要有（　　）。

A. 首因效应　　B. 近因效应

C. 晕轮效应　　D. 刻板印象

E. 蝴蝶效应

26. 流言内容的发展变化阶段有（　　）。

A. 萌芽　　B. 成熟

C. 一般化　　D. 强调

E. 同化

27. 下列属于电子媒介的有（　　）。

A. 电视　　B. 电影

C. 互联网　　D. 广播

E. 报纸

28. 专家策划法一般分为（　　）。

A. 个人判断策划法　　B. 集团头脑风暴法

C. 集体判断策划法　　D. 直觉策划法

E. 创意策划法

29. 写作新闻稿的基本要求是（　　）。

A. 旁征博引　　B. 主题突出

C. 简明扼要　　D. 生动活泼

E. 想象丰富

30. 庆典活动类型包括（　　）。

A. 开业庆典　　B. 周年庆典

C. 乔迁庆典　　D. 重大成果庆典

E. 受到特殊嘉奖庆典

第Ⅱ部分　非选择题（60 分）

三、简答题（本大题共 6 小题，每小题 5 分，共 30 分。）

31. 公关人员应遵守的道德规范有哪些？

32. 简述影响和改变态度的因素。

33. 简述公关策划的原则。

34. 简述广告策划的内容。

35. 简述赞助活动的实施步骤。

36. 简述公关危机管理的原则。

四、论述题（本大题共 2 小题，每小题 10 分，共 20 分。）

37. 如何建立有效的组织形象？

38. 试述传播媒介的选择原则。

五、案例分析题（本大题10分。）

39. 某服装厂临近大学，其生产车间与大学教学楼隔墙相望。为消除工人长时间重复劳动产生的疲劳感和单调感，该服装厂每天10:30~11:00在车间内播放流行音乐。服装厂“震耳欲聋”的音乐声严重影响了大学的教学与科研活动。校方多次找厂方交涉，始终没有结果。无奈之下，校方向政府有关部门投诉并向媒体求助，结果服装厂受到处罚，社会声誉受损。

（1）对服装厂而言，资料中的大学是何种公众对象？请简述其主要内容。

（2）组织如何处理好与该类公众的关系？

2019年4月全国高等教育自学考试
公共关系学试卷
参考答案

（课程代码　00182）

一、单项选择题

1. D	2. A	3. C	4. B	5. C	6. D	7. B
8. C	9. D	10. B	11. C	12. B	13. B	14. A
15. A	16. D	17. A	18. A	19. B	20. D	

二、多项选择题

21. ABCDE	22. ABCDE	23. ABC	24. ABCDE	25. ABCD
26. CDE	27. ABCD	28. AB	29. BCD	30. ABCDE

三、简答题

31. 答：①公正；（1分）②正派；（1分）③对社会负责；（1分）④真实；（1分）⑤保密。（1分）

32. 答：①社会因素；（1分）②团体因素；（1分）③宣传因素；（1分）④个性因素；（1分）⑤态度系统特性因素。（1分）

33. 答：①利益性原则；（1分）②客观性原则；（1分）③系统性原则；（1分）④可行性原则；（1分）⑤灵活性原则。（1分）

34. 答：①市场调查；（1分）②广告定位；（1分）③广告创意；（1分）④广告媒介安排；（1分）⑤广告效果测定。（1分）

35. 答：①确定专人负责；（1分）②确定赞助政策；（1分）③进行前期研究；（1分）④测定、评估效果。（2分）

36. 答：①及时性原则；②主动性原则；③真实性原则；④公开性原则；⑤战略性原则；⑥公众至上原则。

（评分说明：每答对1个要点给1分，任意答对5个要点给满分5分。）

四、论述题

37. 答：一个组织形象构思与策划成功与否，取决于三个方面的协调与平衡：

（1）组织利益与公众利益的协调与平衡。(2 分)

（2）总体形象与特定形象的协调与平衡。(2 分）组织形象管理目标一方面要照顾各类公众对象的一般要求，另一方面要突出本组织在首要公众心目中的特定形象。(2 分)

（3）知名度与美誉度的协调与平衡。(2 分）一方面，既要在主要公众中获得足够的好评，也要在一般公众心目中赢得普遍好感；另一方面，既要有足够的美誉度，也要有相应的知名度。(2 分)

38. 答：（1）根据目标受众的特点选择传播媒介。(2 分)

（2）根据特性及影响力选择传播媒介。(2 分)

（3）根据信息的特点选择传播媒介。(2 分)

（4）根据竞争对手的媒介运用状况选择传播媒介。(2 分)

（5）根据讲求经济效益的原则选择传播媒介。(2 分)

五、案例分析题（本大题 10 分。）

39. 答：（1）相对于服装厂，大学属于社区公众。(2 分）社区公众主要包括当地的权力管理部门、地方团体、居民百姓和其他社会组织。(2 分)

（2）加强传播，沟通信息，增进了解；(2 分）关心并支持社区建设；(2 分）参加并资助各项社会公益活动。